I0827652

Más allá del vacío

VANNELIS TORRES

BARKERBOOKS

Más allá del vacío

Edición: BARKER BOOKS®
Diseño de Portada: (José Luis Chávez V) | BARKER BOOKS®
Diseño de Interiores: (José Luis Chávez V) | BARKER BOOKS®
Corrección/Traducción: Alma Calixto

Primera edición. Publicado por BARKER BOOKS®

Ebook ISBN: 979-8-89593-804-1
Paperback ISBN: 979-8-89593-805-8
Hardback ISBN: 979-8-89593-806-5

Derechos de Autor - Número de control Library of Congress: 1-15156127821

Barker Publishing, LLC
Tacoma, WA
https://barkerbooks.com
publishing@barkerbooks.com

Índice

Introducción

Hay un vacío que habita en el pecho de millones de personas; un vacío que no se ve, que no se puede tocar y que nadie más nota, pero que tú sientes todos los días.

Puedes tener todo lo que la sociedad dice que necesitas para ser feliz: trabajo, casa, amigos, pareja o familia. Es posible tener una vida que desde afuera se vea perfecta; sin embargo, cuando cierras la puerta y te quedas a solas contigo mismo, ese vacío sigue ahí, gritando, doliendo y recordándote que algo falta.

Y lo has intentado todo, ¿verdad?

Has intentado llenarlo con personas y con relaciones que prometían completarte, pero solo te dejaron más vacío. Has intentado llenarlo con cosas materiales, logros, distracciones o excesos; con cualquier cosa que te hiciera olvidar, aunque sea por un momento, que algo dentro de ti no está bien.

Pero nada funciona; al menos, no por mucho tiempo.

Esto sucede porque ese vacío no es de cosas: es del alma.

Si estás leyendo esto, quiero que sepas algo:

No estás loco por sentir lo que sientes. No estás exagerando. No eres débil. No estás solo.

Yo también he sentido ese vacío. He pasado noches enteras sin poder dormir, con un peso en el pecho que no puedo explicar; he sonreído en público mientras por dentro me estaba desmoronando y he fingido estar bien cuando todo en mí gritaba que no lo estaba.

Durante mucho tiempo, no entendía por qué me sentía así. Tenía una madre que lo dio todo por mí, un techo sobre mi cabeza y comida en la mesa; tenía personas que me amaban y cosas que muchos querrían. Desde afuera, mi vida no se veía mal. ¿Por qué entonces sentía ese vacío? ¿Por qué me sentía incompleta? ¿Por qué algo dentro de mí seguía doliendo?

Hasta que entendí algo que lo cambió todo:

Ese vacío existe porque fuimos diseñados para Dios, y nada más que Él puede llenarlo.

Este no es un libro de autoayuda con fórmulas mágicas. No te diré que todo se va a resolver de la noche a la mañana, ni te prometeré que si haces A, B y C, tu vida será perfecta.

Este es un libro honesto, crudo y real. Se trata del dolor que nadie ve, de las batallas que nadie conoce y de las heridas que todavía no han sanado; sobre las máscaras que usamos para sobrevivir, el perdón que parece imposible y la sanación que tanto anhelamos.

No obstante, también es un libro sobre esperanza: sobre un Dios que no te abandona en medio de tu dolor, sobre un amor que puede llenar lo que nada más ha podido tocar y sobre una paz que sí es posible, aunque ahora mismo no lo creas.

No escribí este libro desde un lugar de perfección.

Lo hice desde mis propias heridas, desde mi propio proceso de sanación (que todavía está en marcha) y desde las batallas que sigo enfrentando.

Lo redacté porque necesitaba que alguien me dijera que no estaba sola, que lo que sentía era válido y que sí se puede sanar; necesitaba saber que Dios no me había abandonado, aunque a veces se sintiera así.

Y si yo necesitaba escuchar eso, tal vez tú también.

Este libro es para ti si:

- Sientes ese vacío que no puedes explicar.
- Estás cansado de fingir que estás bien.
- Has sido herido y no sabes cómo sanar.
- Cargas con una culpa que no te deja avanzar.
- Necesitas perdonar, pero no sabes cómo.
- Te sientes completamente solo, aunque estés rodeado de personas.
- Sabes que Dios existe, pero no sabes cómo acercarte a Él.
- Estás buscando algo más que lo que el mundo te ofrece.

No tienes que leer este libro de corrido.

Puedes empezar por el capítulo que más resuene contigo en este momento, tomarte días para procesarlo o volver a leer lo que necesites las veces que haga falta. Este libro es un compañero en tu proceso, no una solución instantánea; es un recordatorio de que no estás solo y la prueba de que sí se puede salir del vacío.

Antes de empezar, quiero que sepas esto:

Lo que sea que hayas hecho, lo que sea que te hayan hecho o lo que sea que estés sintiendo, Dios te ama completamente, sin condiciones y sin juicio. No tienes que arreglarte primero, no tienes que tener todas las respuestas ni tienes que fingir estar bien. Puedes venir tal como estás: roto, cansado, perdido, vacío.

Es ahí, exactamente, donde Dios hace su mejor trabajo.

Así que respira profundo. Prepárate para sentir, para llorar si es necesario y para enfrentar lo que has estado evitando, con el fin de comenzar el camino hacia la sanación que tanto necesitas. Y recuerda: no estás haciendo esto solo. Dios está contigo, yo estoy contigo a través de estas páginas y miles de personas que han sentido lo mismo que tú te acompañan.

VAMOS JUNTOS MÁS ALLÁ DEL VACÍO.

CAPÍTULO 1

El Vacío Que Nadie Ve

¿Te ha pasado? Tienes amigos que te buscan, una pareja que te ama y una familia que está ahí para ti. Tienes un techo sobre tu cabeza, quizás hasta ese trabajo que buscabas. Desde afuera, tu vida se ve completa e incluso tú mismo podrías hacer una lista de todo lo bueno que tienes. Pero cuando cierras la puerta de tu cuarto y te quedas a solas contigo mismo, hay algo que falta: un hueco que no puedes explicar, una soledad que no tiene sentido.

Muchos no lo entienden. «¿Cómo puedes sentirte así si lo tienes todo?», te preguntan. Y la verdad es que no se trata de lo que tienes; nunca fue así.

Puedes tener el trabajo que soñabas, la casa que querías o el carro del año. Puedes estar rodeado de personas todo el día, reírte, salir y mantenerte ocupado. Sin embargo, en algún momento, ya sea en medio del ruido o del silencio, lo sientes: ese vacío que vive en el pecho, como si algo esencial estuviera apagado por dentro.

El dinero no lo llena, lo material no lo toca y un ambiente perfecto no logra alcanzarlo.

La razón es que ese vacío no es de cosas; es del alma.

Cuando una persona tiene el alma vacía, se nota. No siempre en las palabras (ya que muchos aprendemos a decir «estoy bien» con una sonrisa ensayada), sino en el cansancio que no se va con dormir, en la mirada perdida y en los ojos que ya no brillan como antes.

Ese vacío solo lo llena Dios

Él sana lo que está roto y restaura lo que se perdió. Dios llena porque Él es AMOR: amor verdadero, que no pide nada a cambio, que te conoce completamente y, aun así, te elige. Ese amor es lo único que puede llenar el hueco que ninguna otra cosa ha podido tocar.

Pero cuando no conocemos a Dios, o cuando lo conocemos, pero vivimos alejados de su presencia, buscamos llenar ese vacío con lo que sea: con drogas para olvidar, con alcohol para adormecer o con excesos para sentir algo, lo que sea, aunque sea por un momento. Hay personas que tal vez saben que Dios existe, pero viven atrapadas en el mundo, sin saber lo que es sentirse verdaderamente vivas, sanas y felices. Esto es porque, sin su presencia, solo estamos sobreviviendo, no viviendo.

CAPÍTULO 2

Las máscaras que usamos

Aprendemos a fingir desde muy jóvenes. Aprendemos que decir «estoy bien» es más fácil que explicar lo que realmente sentimos; que sonreír es más rápido que abrir el corazón y que mostrar fortaleza es más aceptable que admitir que, por dentro, nos estamos desmoronando.

Entonces nos ponemos la máscara todos los días: antes de salir de casa, antes de ver a la familia, antes de llegar al trabajo o antes de publicar en redes sociales. Usamos la máscara de que «todo está perfecto» y nos volvemos expertos en ella.

Sonreímos aunque por dentro estemos gritando; decimos «estoy bien» aunque sea la mentira más grande que hayamos dicho ese día. Publicamos fotos felices mientras nos sentimos vacíos y actuamos con energía cuando lo único que queremos es quedarnos en cama y no despertar.

La gente nos pregunta: «¿Cómo estás?», y respondemos automáticamente: «Bien, ¿y tú?», sin siquiera pensarlo. Esto sucede porque sabemos que la mayoría no quiere escuchar la verdad; no quieren saber que te sientes perdido, cansado o vacío. Quieren la respuesta corta, la fácil, la que no incomoda.

Entonces seguimos actuando, sonriendo y pretendiendo. Lo peor es que, a veces, nos creemos nuestra propia mentira; usamos la máscara tanto tiempo que olvidamos quiénes somos sin ella. Olvidamos cómo se siente ser honestos y que está bien no estar bien.

Vivimos en un mundo donde todos fingen tenerlo todo bajo control, donde mostrar debilidad es sinónimo de fracaso y admitir que necesitas ayuda es visto como algo vergonzoso. Por ello, todos andamos con nuestras máscaras puestas, creyendo que somos los únicos que nos sentimos así, cuando la realidad es que la mayoría está igual de rota por dentro. Pero las máscaras pesan, y pesan más de lo que creemos.

La realidad es que vivir una mentira todos los días, fingir ser alguien que no eres o esconder lo que realmente sientes es algo que te va consumiendo poco a poco; te va cansando y vaciando aún más. Llega un punto en el que ya no sabes si estás viviendo tu vida o actuando en una obra de teatro interminable donde nunca puedes quitarte el disfraz.

Dios no necesita que uses máscaras con Él; Él te ve exactamente como eres. Ve tu corazón, tus heridas, tu cansancio y tu vacío. Aun así, te ama. No tienes que fingir estar bien para acercarte a Él ni tienes que arreglarte primero; puedes llegar roto, cansado, perdido o vacío.

Debemos recordar que Él no vino a buscar a los que tienen todo resuelto; vino a buscar a los que necesitan sanación, a los que están cansados de cargar con todo y a los que ya no pueden más con las máscaras. Con Dios puedes ser real, puedes ser tú: sin filtros, sin actuaciones y sin pretender. Esa libertad, esa paz de poder ser quien realmente eres sin miedo al juicio... eso no tiene precio.

CAPÍTULO 3

¿Cómo sabes que no Eres Feliz?

A veces no es obvio. No siempre se manifiesta como un llanto constante o el deseo de desaparecer; a veces, la infelicidad es silenciosa. Hasta que un día te das cuenta: no recuerdas la última vez que fuiste genuinamente feliz.

Cuando ya nada te emociona

Antes había cosas que te movían, pero ahora todo se siente plano, gris y vacío. Te invitan a salir y tu primera reacción es buscar una excusa. No es que tengas algo mejor que hacer; simplemente, careces de ganas de nada. Cuando dejas de sentir emoción por las cosas y todo te da igual, es señal de que algo dentro de ti se apagó.

El cansancio que no se va

No es un cansancio físico, sino un agotamiento del alma. Es despertar ya fatigado y sentir que cada día requiere un esfuerzo monumental solo para funcionar. Duermes horas y sigues agotado, ya que no es sueño lo que necesitas, sino un descanso de lo que te está drenando por dentro.

Todo te irrita

Cosas que antes no te molestaban ahora te sacan de control. No es que las personas sean peores, es que tú estás al límite. Cuando no eres feliz y estás vacío, no tienes paciencia para nada; esto sucede porque ya estás usando toda tu energía solo para sobrevivir al día.

No te reconoces

Miras fotos de hace años y ves a alguien diferente. Esa persona sonreía con los ojos, tenía luz y sueños. Te miras al espejo y ves a alguien cansado, apagado y envejecido, no por los años, sino por el peso de la carga. Y te preguntas: «¿Cuándo dejé de ser yo?».

Vives fingiendo

Te has convertido en un actor profesional. Cada interacción es una actuación y cada conversación requiere que te pongas la máscara. Cuando llegas a casa, te desplomas, debido a que mantener la apariencia todo el día te drena completamente.

Necesitas escapes constantemente

No puedes estar solo con tus pensamientos ni puedes estar en silencio. Entonces llenas cada segundo con algo: el teléfono, series, música o ruido. La razón es que, cuando te quedas solo contigo mismo, sientes ese vacío y resulta insoportable.

Te has alejado de todos

Antes buscabas a tus amigos; ahora cancelas planes constantemente, ignoras llamadas y te escondes. No es porque no quieras a esas personas, sino porque socializar requiere una energía que no tienes. Te vas alejando poco a poco, hasta que te das cuenta de que has estado solo por semanas.

No ves futuro

Antes tenías planes, sueños y cosas que querías lograr. Ahora, cuando piensas en el futuro, ves... nada. Un vacío. No es que quieras morir, es que no sabes cómo quieres vivir ni ves nada que te emocione.

Lloras sin saber por qué

Estás viendo algo y de repente las lágrimas salen sin razón aparente. O peor: quieres llorar, pero no puedes; sientes el nudo y la presión, pero las lágrimas no brotan.

Sientes que algo falta

No puedes identificar exactamente qué, pero sabes que algo no está bien. Es como un hueco en el pecho, un vacío que nada llena. Has intentado ocuparlo con todo (personas, cosas, logros), pero nada funciona, puesto que ese vacío no es de origen material, sino más profundo.

¿Qué haces cuando te das cuenta?

Reconócelo. Deja de fingir y de decir «estoy bien». Admite que no eres feliz y que necesitas hacer algo al respecto. Busca ayuda y habla con alguien; no lo cargues solo. Haz pequeños cambios. No tienes que revolucionar tu vida mañana, pero empieza con una sola cosa que te acerque a estar mejor.

Mereces ser feliz

Mereces más que solo sobrevivir; mereces vivir de verdad. Aunque ahora no lo sientas, la felicidad sí es posible. No va a ser fácil ni rápido, pero es posible. En algún punto del camino vas a sentir algo que no habías experimentado en mucho tiempo: vas a reírte y será genuino, vas a despertar sin ese peso y verás el futuro con esperanza.

En ese momento, te darás cuenta de que ese vacío finalmente encontró lo único que podía llenarlo. No fue una persona, ni un logro, ni una cosa; fue rendirte a algo más grande que tú, dejar de intentar controlarlo todo y, finalmente, confiar. Allí encontrarás lo que estuviste buscando todo el tiempo.

CAPÍTULO 4

Cuando Sientes Que no Encajas

Hay una soledad única en sentir que no perteneces a ningún lado; es estar rodeado de personas y sentirte completamente fuera de lugar. Es tener «amigos», pero sentirte solo de todas formas. Ante esto, te preguntas: «¿Qué está mal conmigo? ¿Por qué soy diferente?».

Siempre el extraño

Desde niño lo sentiste: todos parecían entender las reglas sociales que nadie te explicó. Todos tenían amigos mientras tú solo tenías conocidos. Mientras crecías, la sensación se hizo más fuerte; siempre eras el que no encajaba del todo, el que es un poco diferente o el que está, pero no pertenece.

Te cambias para ser aceptado

Entonces empezaste a moldearte según lo que creías que los demás querían. Con un grupo eras de cierta forma y con otros actuabas diferente; creaste tantas versiones de ti que, eventualmente, olvidaste cuál era la real. Lo agotador no era solo mantener todas esas facetas, sino saber que ninguna era realmente tú.

El miedo de mostrar quién eres

Si muestras quién eres realmente y te rechazan, ¿qué te queda? Al menos ahora rechazan la versión falsa; pero si muestras tu verdadero yo y aun así no te quieren, esa es una verdad que no sabes si puedes manejar. Por eso sigues actuando y escondiéndote.

Cuando tu familia no te entiende

Lo más doloroso no es que los extraños no te entiendan, sino que tu propia familia tampoco lo haga. Tienes valores, sueños y formas de pensar diferentes, y te juzgan por eso; te presionan para que seas como ellos. Y si ni tu propia sangre te acepta, ¿quién lo hará?

Aceptas cualquier grupo que te acepte

Cuando sientes que no encajas en ningún lado, te desesperas. Aceptas a cualquiera que te reciba, aunque no sean buenas personas o te traten mal. Esto sucede porque, al menos allí, «perteneces»; así terminas en lugares que te destruyen, con personas que te usan solo para no sentirte solo.

No encajas porque no debes encajar

No fuiste hecho para ser una copia, fuiste hecho para ser tú. Eso que ves como un defecto no lo es: es lo que te hace único. El mundo está lleno de copias; ¿para qué necesitaríamos otra? Lo que el mundo requiere es tu autenticidad.

Deja de intentar encajar

Sé tú, auténticamente tú. Es cierto que algunas personas no te van a entender, algunas te van a juzgar y otras te rechazarán; sin embargo, esas no son tu gente. Tu gente te va a aceptar exactamente como eres.

Tu gente existe

Sé que ahora mismo no lo sientes, pero existen. Están en algún lugar, también sintiéndose fuera de lugar y buscando. Los encontrarás, y cuando ocurra, será como respirar por primera vez. Pero no los hallarás si sigues fingiendo, ya que de lo contrario conocerán la versión falsa y no a ti.

Acepta quién eres primero

Antes de buscar encajar con otros, tienes que aceptarte tú mismo con todo lo que crees que está mal y lo que te hace diferente. La razón es que, cuando te aceptas, ya no necesitas desesperadamente la aprobación de los demás.

Para el que todavía está buscando

Si todavía sientes que no encajas, recuerda: no hay nada mal contigo. No eres demasiado raro ni demasiado diferente; simplemente no has encontrado a tu gente todavía, pero están ahí. Mientras tanto, trabaja en aceptarte y valorarte, sabiendo que tu valor no depende de encajar. Esto es así porque fuiste hecho diferente a propósito y hay un plan en esa diferencia. Primero tienes que dejar de intentar ser como todos los demás, pues el mundo no necesita otra copia; el mundo te necesita a ti.

CAPÍTULO 5

La Enfermedad De La Envidia

Vivimos en un mundo donde todos están mirando lo que el otro tiene: comparando, compitiendo y envidiando.

Ves que alguien se compró algo y rápido quieres comprarlo tú también; no por necesidad ni porque realmente lo quieras, sino porque no puedes permitir que esa persona tenga algo que tú no tienes. Y cuando lo consigues, lo publicas y lo presumes para que todos vean, hablen y piensen que tienes dinero, que te va bien o que eres exitoso. Pero ¿de qué sirve tener todo eso si tu corazón está vacío?

Hay personas a quienes Dios ha bendecido; personas que han salido adelante con su ayuda y que tienen casas, carros, negocios o éxito. Eso está bien, son bendiciones de Dios y Él quiere prosperarnos. Sin embargo, el problema no es tener, sino olvidar de dónde vino todo eso.

Esto sucede porque, cuando olvidas que todo lo que tienes es por la gracia de Dios, empiezas a creerte superior. Comienzas a mirar a los demás por encima del hombro y a tratarlos como si fueran menos, como si tú fueras mejor que ellos solo por poseer más cosas. Y eso es orgullo, y el orgullo es peligroso.

Debes recordar que Dios te puede quitar todo en un segundo. Todo lo que tienes, lo que has construido y lo que presumes puede desaparecer. No es para castigarte, sino para recordarte que sin Él no eres nada; que todo lo que tienes no es tuyo, es prestado, y que la humildad no es opcional: es necesaria.

Pero la gente no entiende eso; se creen invencibles y piensan que por tener dinero o cosas materiales ya son superiores. Desde esa posición de falsa superioridad, miran a los demás como poca cosa. Las mujeres se critican entre ellas mismas: las operadas se creen mejores que las naturales; las que han estado con muchos hombres critican a las que solo han estado con uno; las que tienen más seguidores en redes sociales se sienten más valiosas que las que no los tienen, y las que visten de cierta forma juzgan a las que no.

¿En qué momento perdimos la humanidad? ¿En qué momento olvidamos que todos somos iguales ante los ojos de Dios? No importa si tienes una mansión o un cuarto alquilado, si conduces un carro del año o usas transporte público, si tienes cirugías o eres natural, si tienes millones de seguidores o ninguno. Ante Dios, todos valemos lo mismo.

Lo más triste es que esas mismas personas que critican, envidian y compiten son las que por dentro están más vacías. Nadie que esté realmente en paz consigo mismo necesita rebajarse ante otros para sentirse bien, ni quien conozca su valor en Dios necesita compararse con los demás. La envidia y el orgullo son síntomas del mismo problema: un corazón que no conoce a Dios; un corazón que busca llenar su vacío con validación externa, cosas materiales o sentimientos de superioridad.

Pero nada de eso llena, nada de eso sana y nada de eso te da paz. Dios nos llama a la humildad, a reconocer que todo lo bueno que tenemos viene de Él. Nos llama a ser agradecidos en vez de orgullosos, a levantar a los demás en vez de pisotearlos, a amar en vez de envidiar y a celebrar el éxito ajeno en vez de competir.

La realidad es que, cuando entiendes que tu valor no está en lo que tienes sino en quién eres en Cristo, ya no necesitas compararte con nadie. Ya no necesitas presumir ni sentirte superior. Simplemente vives en paz, agradecido y humilde, sabiendo que todo lo que eres y lo que tienes es por la gracia de Dios. Y esa es la verdadera riqueza.

CAPÍTULO 6

buscando en lugares equivocados

Cuando el alma duele y no sabemos cómo sanar, buscamos cualquier cosa que nos haga sentir menos vacíos; cualquier escape o distracción que nos aleje, aunque sea por unas horas, de ese hueco que no nos deja en paz.

Ahí es cuando aparecen las drogas, el alcohol, las fiestas interminables, las relaciones sin sentido, el trabajo sin descanso, las compras compulsivas o las redes sociales hasta la madrugada. Todo lo anterior surge para no estar a solas con nosotros mismos y para evitar enfrentar lo que realmente sentimos. Y funciona; por un momento, funciona. La droga te adormece, el alcohol te hace olvidar y la fiesta te distrae; esa nueva relación te ilusiona, el trabajo te mantiene ocupado, la compra te emociona y los «likes» te brindan validación.

Pero es temporal, siempre es temporal. Lo cierto es que, cuando pasa el efecto, cuando termina la fiesta, cuando esa persona se va, cuando el trabajo te agota, cuando lo que compraste ya no te emociona o cuando apagas el teléfono, el vacío sigue ahí. A veces, incluso, es más grande que antes.

«Es que me gusta hacerlo», dicen. «Me hace sentir bien». «Solo es para divertirme». «Tengo todo bajo control». Excusas; son solo excusas.

En realidad, en el fondo, nadie que esté realmente bien necesita escapar tanto. Nadie que esté en paz consigo mismo busca constantemente maneras de no sentir. Si de verdad te hiciera sentir bien, no necesitarías más y más cada vez, ni te sentirías peor cuando se acaba el efecto; tampoco tendrías que justificarte ante los demás ni ante ti mismo. La verdad es incómoda, pero es la verdad: cuando dependes de algo para sentirte bien, es porque por dentro no lo estás.

Aquí reside el peligro que mucha gente no entiende: las drogas no son solo un vicio, ni una mala decisión que puedas controlar a voluntad. Es algo que puede quitarte la vida por un exceso, una dosis de más o un momento en el que perdiste el control. Esto es así porque, cuando intentas llenar un vacío tan grande, nunca es suficiente. Siempre necesitas más sustancia, más escape y más olvido; ese «más» puede ser lo último que consumas.

Personas que empezaron buscando solo un alivio temporal terminan atrapadas, sin control sobre lo que entra a su cuerpo y sin saber cuándo parar. Muchas de ellas no tienen la oportunidad de arrepentirse, pues ya es demasiado tarde.

Muchos saben que Dios existe; tal vez crecieron en la iglesia o sus padres les hablaron de Él. Pero viven en el mundo, alejados de su presencia. Cuando vives sin sentir a Dios cerca, sin buscarlo y sin hablar con Él, desconoces lo que es estar verdaderamente vivo. Existe una diferencia enorme entre existir y vivir, entre respirar y sentirse lleno, entre tener un corazón que late y tener uno que arde con un propósito.

Las cosas del mundo solo te mantienen existiendo, respirando y distraído. Pero Dios te hace vivir de verdad: te hace sentir completo, te da paz en medio del caos y te otorga una alegría que no depende de las circunstancias. Y eso no lo encuentras en ninguna droga, botella, persona ni lugar del mundo. Solo en Él.

CAPÍTULO 7

aprendan a valorar

¿Cómo existen personas capaces de traicionar a otras, ya sea en la amistad, en una relación o incluso en la familia?

Hoy en día parece normalizado fallarle a la pareja por haber encontrado a alguien «mejor»; se ha vuelto común ser desleal y no respetar el compromiso, una conducta que afecta tanto a hombres como a mujeres. Ante esta realidad, cabe preguntarse: ¿cuándo perdimos el valor de la lealtad?

El amor es hermoso: el amor de verdad, ese que se construye, se cuida y se respeta. Obviamente no es perfecto; habrá obstáculos, días difíciles y momentos donde habrá que elegir quedarse, aunque resulte incómodo. Sin embargo, eso es parte de amar genuinamente a alguien. Se siente muy bien construir y crecer junto a una sola persona, confiar plenamente y saber que está ahí, no por falta de opciones, sino porque te elige cada día.

Pero actualmente muchos no valoran eso; prefieren perseguir cualquier distracción pasajera sin importar si tienen pareja, si alguien confía en ellos o el daño que puedan causar. Solo importa el deseo inmediato. Y luego, paradójicamente, hablan de desconfianza: «Es que no confío por mi pasado», «me hicieron daño antes» o «tengo traumas».

No obstante, eso no justifica el presente. Si estás con alguien nuevo, empieza desde cero. Dale la oportunidad de demostrar quién es; si te es leal, te trata bien y te respeta, no tienes por qué proyectar tus heridas pasadas en esa relación. Entiendo que antes todo fuera un caos de mentiras y engaños, y que ahora, al tener paz y estabilidad, tu mente no logre procesarlo. Esto sucede porque te acostumbraste a la pelea diaria y a la sospecha constante.

Por eso, cuando llega alguien que te trata bien, piensas: «Esto es demasiado perfecto, tiene que haber algo malo» o «seguro me está engañando». Pero a veces las cosas sí pueden ser buenas y sanas. Tienes que sanar y dejar de sabotear lo bueno por miedo a que se repita lo malo. Aprende a confiar de nuevo: no a ciegas, pero sí con salud emocional.

Y si eres tú quien traiciona o no valora, ten por seguro que perderás a esa persona. Cuando veas que alguien más sí supo apreciarla, te arrepentirás, pero será demasiado tarde. Lo cierto es que las personas que valen la pena, las que son leales, no esperan para siempre; llega un momento en que se cansan, comprenden que merecen más y se van para no volver.

Aprende a valorar, a respetar y a ser leal mientras tengas a quien amar. Debes comprender que el amor no es un juego ni una competencia de resistencia o de coleccionar opciones; el amor es compromiso, respeto y lealtad. Es construir sabiendo que ambos entregan su cien por ciento. Y eso, precisamente, es lo que vale la pena.

CAPÍTULO 8

el peso del silencio

Hay cosas que nunca decimos en voz alta; cosas que guardamos al creer que nadie las entenderá. Callamos por el miedo a ser juzgados o por la vergüenza de admitir lo que realmente sentimos.

Entonces callamos.

Callamos cuando nos sentimos solos (aunque estemos rodeados de personas). Callamos cuando algo nos duele para no preocupar a nadie; cuando estamos al borde del colapso bajo la premisa de que «hay que ser fuertes», o cuando necesitamos ayuda porque pedirla se siente como admitir una derrota. Todo eso que callamos y guardamos permanece en nuestro interior, se acumula y se vuelve más pesado cada día. Esto sucede porque el silencio tiene un peso, y ese peso termina por aplastarnos.

Vivimos en un mundo donde todos dicen «puedes hablar conmigo»; sin embargo, al intentar abrirte de verdad, descubres que no todos están preparados para escuchar. No todos desean saber lo que realmente sientes; algunos solo preguntan por cortesía, otros minimizan tu dolor y otros te hacen sentir que estás exagerando. Entonces aprendes que es más seguro callar que arriesgarte a nuevas heridas. Pero ese silencio te está matando por dentro.

La realidad es que, cuando no hablas de lo que te duele ni sacas lo que llevas dentro, el sentimiento se pudre. Se convierte en resentimiento, amargura, ansiedad o depresión; en un nudo en el pecho que no te deja respirar bien. Lo peor es que las personas a tu alrededor no tienen idea de lo que estás cargando. Te ven sonreír y piensan que estás bien; te ven funcionando y asumen que todo está bajo control, sin saber que por dentro te desmoronas, que cada día es una batalla y que estás harto de fingir.

Callamos el abuso por vergüenza, la depresión porque «otros tienen problemas peores», la ansiedad porque «es cosa de débiles» o la soledad porque, al tener amigos y familia, creemos que no deberíamos sentirnos así. Incluso callamos los pensamientos oscuros por el temor al juicio ajeno. Cada secreto es una piedra más en la mochila que cargamos, hasta llegar a un punto donde ya no podemos más, donde el peso es tan grande que apenas logramos caminar y respirar se vuelve un esfuerzo monumental.

Pero seguimos callando. Esto ocurre porque nos acostumbramos al silencio, ya no sabemos cómo pedir ayuda o creemos que, de todas formas, nadie nos entenderá. Ahí es donde el enemigo gana, ya que el silencio es su arma favorita. Te hace creer que estás solo, que nadie te entendería y que es mejor guardarlo todo; te convence de que, si hablas, pensarán que estás loco, que exageras o que eres débil.

Pero eso es mentira: hablar no es debilidad, pedir ayuda no es un fracaso y admitir que no estás bien no te resta valor. Dios desea que hables y que saques todo lo que has estado guardando. Él bien sabe que el silencio te está destruyendo; Él ve lo que nadie más ve, escucha lo que nadie más escucha y entiende lo que nadie más comprende.

No tienes que seguir cargando esto solo ni pretender que estás bien cuando no es así. No guardes silencio sobre lo que te está matando por dentro. Habla con Dios y cuéntale todo: lo feo, lo oscuro, lo que te avergüenza o lo que te duele. Él no te juzgará, no te rechazará ni te dirá que estás exagerando. Él te escuchará, te abrazará y te sanará.

Si bien el silencio es pesado, la paz de Dios es más fuerte. Cuando dejas de cargar todo solo y se lo entregas a Él, ese peso que te aplastaba se transforma en libertad. Ya no tienes que callar más.

CAPÍTULO 9

Sobrepensar: Cuando Tu Mente No Descansa

Tu mente nunca se calla: pensamientos que no paran, conversaciones que nunca pasaron, futuros que tal vez nunca lleguen y pasados que no puedes cambiar. Das vueltas y vueltas hasta que te mareas, hasta que te agotas; estás cansado, tan cansado de tu propia mente.

El ciclo que no termina

Terminas una conversación e inmediatamente empiezas a analizarla: «¿Por qué dijo eso?», «¿qué quiso decir?», «¿estará enojado conmigo?» o «debí haber dicho otra cosa». Creas en tu mente una versión completa de lo que la otra persona está pensando, una versión que probablemente no tiene nada que ver con la realidad. Sin embargo, tu mente te convence de que sí, y vives esa historia inventada como si fuera real.

Creas películas completas en tu cabeza

No solo analizas lo que pasó, sino también lo que podría pasar: «¿Y si me despiden?», «¿y si termina conmigo?», «¿y si todo sale mal?». Construyes situaciones completas con diálogos, emociones y finales catastróficos; las vives y sientes la ansiedad como si ya hubieran ocurrido. Esto sucede porque tu mente te asegura que, si piensas en todos los posibles desastres, vas a poder controlarlos; pero no funciona así.

No puedes tomar decisiones

Hasta las cosas más simples se vuelven monumentales. Piensas en cada posible consecuencia, en cada resultado y en todo lo que podría salir mal. Así, te quedas paralizado, sin poder decidir nada.

Revives el pasado constantemente

«Si hubiera dicho esto…», «si hubiera hecho aquello…», «¿por qué hice eso?». Te castigas por cosas que ya no puedes cambiar, como si pensar en ello suficientes veces fuera, de alguna forma, a modificar lo que pasó.

No puedes dormir

Te acuestas y tu mente se enciende. Todos los pensamientos que lograste evitar durante el día llegan a la vez: problemas que resolver, conversaciones pendientes o tareas por hacer. Pasas horas despierto pensando, analizando y preocupándote.

Necesitas que te confirmen todo

«¿Estás enojado conmigo?», «¿todo bien?», «¿seguro que no pasa nada?». Necesitas que constantemente te aseguren que todo está bien, ya que tu mente te dice lo contrario. Alguien tarda en responder y tu mente ya creó diez razones por las que están molestos contigo.

¿Por qué no puedes parar?

La razón es que sobrepensar te da la ilusión de control. Si analizas todo lo suficiente, si piensas en todas las posibilidades y te preparas para todo, crees que nada te tomará por sorpresa. Al menos eso piensas; pero la verdad es que sobrepensar no te da control, te da ansiedad.

El daño que hace

Te agota mentalmente. Tu mente necesita descanso, pero si está constantemente analizando, nunca reposa. Además, arruina tus relaciones, debido a que proyectas en los demás lo que está en tu mente; crees que están pensando cosas que probablemente nunca han pasado por su cabeza. Te roba el presente: estás tan ocupado pensando en el pasado o el futuro que no vives el momento actual.

No hay una solución mágica

No voy a mentirte diciéndote que hay pasos simples para «detener» el sobrepensar. No es así de fácil, pues no puedes simplemente decidir que tu mente se calle y esperar que funcione. No obstante, hay cosas que pueden ayudar; no a detenerlo completamente, pero sí a hacerlo un poco más manejable.

Date cuenta de cuándo está pasando

No para «detenerlo», sino para no vivir completamente perdido en tu mente. Cuando te des cuenta de que estás dando vueltas en pensamientos que no llevan a nada, al menos reconócelo: «Mi mente está haciendo esto otra vez». No vas a poder pararlo inmediatamente, pero admitirlo es el primer paso para no ahogarte en ello.

Cuestiona lo que tu mente te dice

Tu mente te va a convencer de mil cosas que no son ciertas: que esa persona está enojada, que todo saldrá mal o que todos te juzgan. Pregúntate: «¿Esto es real?, ¿tengo evidencia o es solo mi mente inventando?». No siempre podrás cambiar lo que piensas, pero puedes empezar a dudar de las historias que tu mente crea.

Escríbelo

A veces, sacar los pensamientos de tu cabeza y ponerlos en papel ayuda. No para resolverlos, sino para dejar de cargarlos. Al leerlos escritos, muchas veces te das cuenta de que no tienen tanto sentido como parecía cuando estaban en tu cabeza.

Muévete

Cuando tu mente no para, tu cuerpo puede ayudar a callarla un poco. Camina, corre o haz cualquier cosa que requiera que tu cuerpo se enfoque. No detendrá los pensamientos por completo, pero puede bajar el volumen de la preocupación.

Enfócate en algo real

Cuando tu mente se va a futuros inexistentes o pasados inalterables, tráela de vuelta. ¿Qué estás viendo ahora?, ¿qué estás sintiendo?, ¿qué está pasando en este momento real? No es fácil; tu mente querrá irse de nuevo, pero sigue intentándolo.

Acepta que será una lucha

No vas a despertar mañana con la mente en paz. Será una batalla constante, con algunos días mejores que otros; pero, poco a poco, los pensamientos perderán poder. No desaparecen, pero ya no te controlan tanto.

Lo que realmente necesitas

Lo cierto es que puedes intentar todos los métodos existentes, pero si tu mente está tratando de llenar un vacío, de resolver lo que no puede sola o de controlar lo incontrolable, nada funcionará por completo hasta que sueltes. Debes aceptar que no puedes tener todas las respuestas ni anticipar cada evento. Ahí es donde necesitas algo más grande que tú: algo que pueda darte paz cuando tu mente no puede. Cuando finalmente te rindes a eso y dejas de pelear, es cuando tu mente puede descansar. No perfectamente, pero sí un poco; y ese poco hace toda la diferencia.

Para la mente que no descansa

Si tu mente nunca para y los pensamientos te consumen, recuerda: tu mente puede descansar, puede haber paz. No será de la noche a la mañana, pero es posible. Empieza hoy: reconoce lo que haces, cuestiona lo que tu mente inventa y enfócate en el presente. Eventualmente, notarás que los pensamientos perdieron fuerza y que ya no te controlan. Vas a sentir algo que no habías sentido en mucho tiempo: paz mental. Esa paz vino de soltar, de rendirte y de dejar de intentar controlarlo todo.

CAPÍTULO 10

La Ansiedad y El Control

La ansiedad es querer controlar lo que no puedes controlar; es vivir en un futuro que no existe, prepararte para desastres que nunca llegan y crear problemas en tu mente antes de que sean reales. Al final, tu cuerpo siempre paga el precio.

Cómo se siente realmente

Sientes el pecho apretado hasta que crees que te estás muriendo; el corazón se acelera tanto que piensas que va a explotar, las manos sudan y el estómago se revuelve. Tu cuerpo está convencido de que te encuentras en peligro mortal, aunque estés sentado en tu cuarto y no haya una amenaza real. Eso es la ansiedad: tu cuerpo en modo de supervivencia constante, agotándose y destruyéndose.

¿Por qué intentas controlar todo?

Esto sucede porque crees que, si controlas todo, nada puede salir mal. Planificas obsesivamente, revisas mil veces y te preparas para cada posibilidad; sin embargo, cuando algo no sale como planeaste, te desmoronas. Dicha reacción ocurre porque construiste tu paz sobre la ilusión de control y, cuando esa ilusión se rompe, la ansiedad te consume.

La verdad

No puedes controlar a las personas, no puedes controlar el futuro ni puedes prevenir todo lo malo que podría pasar. Mientras sigas intentándolo, vivirás en pánico constante. La razón es que la vida no es controlable y tú no fuiste diseñado para tener ese nivel de control.

¿Qué hacer?

Suelta; decide conscientemente dejar ir lo que no puedes manejar. Enfócate solo en el presente, no en lo que podría pasar mañana, sino en lo que puedes hacer ahora. Respira profundo hasta que tu cuerpo entienda que no estás en peligro. Acepta que no tener control no significa que todo vaya a salir mal; simplemente significa que no depende de ti, y eso está bien.

Lo que vas a descubrir

Descubrirás que, cuando finalmente sueltas el control y dejas de pelear, algo más grande que tú toma el mando. Es allí donde encuentras la paz que tanto buscabas: no en controlar, sino en confiar.

CAPÍTULO 11

El Agotamiento Físico Y Mental

Llega un punto en el que el cuerpo ya no aguanta más. Puedes fingir que estás bien por un tiempo, forzar la sonrisa, cumplir con tus responsabilidades o seguir adelante como si nada; sin embargo, el cuerpo no miente y, cuando el alma está cansada, el físico lo refleja.

Empiezas a sentirte agotado todo el tiempo. No importa cuántas horas duermas, despiertas fatigado, sin energía y con dificultad para concentrarte. Olvidas cosas y te duele la cabeza constantemente; sientes presión en el pecho o falta de aire. La gente te dice: «Descansa más», «duerme mejor», «come bien» o «haz ejercicio»; pero no entienden que este cansancio no se cura durmiendo. Esto es así porque no se trata de cansancio físico, sino de un agotamiento del alma. Cuando el alma está exhausta, arrastra al cuerpo con ella.

El estrés, la ansiedad, la tristeza y el dolor que has estado guardando tienen consecuencias. Tu cuerpo empieza a fallar al cargar un peso para el cual nunca fue diseñado. Te enfermas más seguido, tu sistema inmune se debilita y desarrollas problemas que antes no tenías: insomnio, migrañas, trastornos digestivos, dolor crónico, taquicardia o ataques de pánico. Los doctores te hacen exámenes y todo sale «normal»; te dicen que estás sano, pero tú sabes que algo está mal. La realidad es que te sientes morir por dentro, aunque los resultados digan que estás bien.

Dicha situación ocurre porque el problema no reside en tu cuerpo, sino en tu alma. Cuando el alma está enferma, el cuerpo lo manifiesta; es la forma en que tu organismo grita lo que tu boca no se atreve a decir: «Ya no puedo más».

Pero no solo es el cuerpo; la mente también se agota. Empiezas a sentir que no puedes pensar con claridad, que todo te abruma y que las cosas más simples se sienten imposibles. Te cuesta tomar decisiones, concentrarte en conversaciones o te pierdes en tus propios pensamientos. Y lo peor: empiezas a sentir que ya nada tiene sentido, que vives en automático y que solo estás sobreviviendo, día tras día, sin realmente vivir.

Te levantas porque tienes que hacerlo, trabajas porque debes trabajar y sonríes porque es lo que se espera de ti; pero por dentro estás vacío, exhausto y roto. Nadie lo nota, pues te has vuelto tan bueno fingiendo que todos creen que estás bien. Pero Dios lo ve: Él nota tu agotamiento, tu cansancio y cómo estás al límite, a punto de colapsar. Él te dice: «Venid a mí todos los que estáis trabajados y cargados, y yo os haré descansar».

Él bien sabe que no puedes más, que has cargado todo solo por demasiado tiempo y que tu cuerpo y tu mente están al borde del colapso. Él quiere darte descanso de verdad; no solo dormir más horas, sino un descanso del alma: una paz que calme la ansiedad, una sanidad que restaure lo roto y una fuerza que renueve lo agotado. No tienes que seguir forzándote ni fingiendo que puedes con todo hasta que tu cuerpo colapse. Dios quiere sanarte, restaurarte y darte el descanso que tanto necesitas.

Pero tienes que soltarlo, dejar de cargar todo solo y entregárselo a Él. Debes recordar que tu cuerpo no fue diseñado para cargar el peso del mundo, ni tu mente para procesar todo el dolor a solas, ni tu alma para estar vacía. Fuiste diseñado para descansar en Él, encontrar paz en su presencia y ser restaurado por su amor. Cuando finalmente dejas de resistirte, te rindes y permites que Él te cargue a ti en vez de seguir cargando todo tú, es ahí cuando encuentras el verdadero descanso que tu alma ha estado buscando.

CAPÍTULO 12

El Agotamiento espiritual

Tu alma está cansada. No quieres orar, no quieres leer la Biblia y no quieres nada que tenga que ver con Dios. Dicha actitud no nace de que hayas dejado de creer, sino de que estás agotado de intentarlo.

¿Cómo llegaste aquí?

Has vivido batallas constantes y ataques sin parar; has dado y dado sin ser llenado. Tal vez sufriste una decepción tan grande que tu fe se quebró: oraste y no pasó nada, esperaste un milagro y nunca llegó. Ahora, Dios se siente lejos, tus oraciones se perciben vacías y tu fe se siente apagada.

¿Lo que sientes?

Sientes culpa al pensar que «deberías» tener más fe o que «deberías» poder con esto. Sin embargo, no puedes, y esa culpa solo te hunde más. Han surgido dudas que nunca antes tuviste sobre Dios, sobre si vale la pena o sobre todo lo demás. Existe un vacío donde antes había pasión por Dios; ahora, no queda nada.

No estás roto

Simplemente estás cansado y tu alma necesita descanso. Está bien admitirlo; está bien decirle a Dios: «No puedo más. Estoy agotado. Ayúdame». Él prefiere tu honestidad a tus oraciones falsas.

¿Qué hacer?

Descansa espiritualmente. No te fuerces a orar tres horas ni te obligues a leer diez capítulos. Lee un versículo, ora una línea o, simplemente, siéntate en silencio. Deja que otros te llenen; deja de dar por un tiempo y recibe. Confía en que este desierto tiene fin, en que Dios no te abandonó y en que esto es parte del proceso.

Del otro lado

Allí te espera una fe más profunda: una que no depende de sentimientos y que confía, aunque no sienta nada. Esta convicción se logra gracias a que esa fe solo se forja en el desierto.

CAPÍTULO 13

Cuando te trancas emocionalmente

Sentiste tanto que dejaste de sentir. Te hirieron tantas veces que tu sistema dijo: «No más», y te cerraste completamente.

¿Qué significa?

No es «no mostrar emociones», sino que consiste, literalmente, en no sentirlas. Quieres llorar, pero no puedes; quieres enojarte, pero nada sale. Alguien te cuenta algo triste y sientes... nada. Tu sistema emocional está apagado como una medida de protección.

¿Por qué pasó?

Esto sucedió porque confiaste y te traicionaron, amaste y te destruyeron, te abriste y te hirieron una y otra vez. Entonces construiste muros tan altos que nadie puede entrar: ni para lastimarte, ni para amarte. Y ahora estás seguro, pero estás solo.

Cuando las promesas se volvieron vacías

También te trancas cuando alguien te prometió tanto y nunca cumplió. Al principio reclamabas, pedías y esperabas que cambiara: «Dijiste que ibas a estar», «prometiste que esta vez sí» o «me aseguraste que iba a ser diferente». Seguías creyendo, dando oportunidades y esperando que finalmente cumpliera, pero nunca pasó. Entonces te cansaste.

Te cansaste de esperar algo que desde un principio significó tanto para ti, pero que para esa persona, claramente, no significaba nada. Te agotaste de dar pasos hacia alguien que nunca se movió hacia ti y ahora eres inmune. Te da igual; ya no quieres que lo haga ni quieres sus promesas. La razón es que esperaste tanto y diste tanto sin que esa persona se moviera, que tu corazón dijo: «Ya no más», y se cerró. No lo hizo por rencor, sino por protección, ya que, si sigues creyendo en promesas vacías, te vas a destruir esperando algo que nunca llegará.

El problema

No solo dejaste de sentir dolor; dejaste de sentirlo todo. No hay alegría, no hay emoción ni conexión: solo vacío. Sanar requiere sentir, pero tú ya no puedes.

Cómo empezar a abrir

Poco a poco; no tienes que derribar todos los muros de golpe. Permite sentir una cosa pequeña: una película que te mueva o una canción que te toque. Habla de lo que pasó, saca lo que has guardado y arriésgate a confiar de nuevo con alguien que lo haya demostrado. Y llora: aunque las lágrimas no salgan fácil sigue intentando.

Lo que vas a encontrar

Descubrirás que sentir duele, pero también te hace sentir vivo; que amar de nuevo da miedo, pero también da vida, y que abrir tu corazón es un riesgo, pero vivir cerrado es peor.

CAPÍTULO 14

Cuando Dios guarda silencio

Gritas y solo hay silencio. Oras y no pasa nada; buscas y no lo encuentras. Ese silencio duele más que cualquier otra cosa.

¿Por qué duele tanto?

Esto sucede porque puedes manejar las batallas si Dios está contigo; puedes soportar el dolor si sientes su presencia. Pero cuando Él guarda silencio, te sientes completamente solo y empiezas a dudar. No dudas de su existencia, sino de si realmente le importas.

Las preguntas

«¿Hice algo mal?», te dices mientras repasas todo buscando una razón. «¿Me abandonó?», y sientes que finalmente se cansó de ti. «¿Vale la pena?», cuestionas si seguir creyendo tiene sentido.

La verdad difícil de creer

Dios no te abandonó. Puede estar en silencio, pero no está ausente. A veces guarda silencio porque está trabajando en algo que no puedes ver todavía; otras veces, lo hace para fortalecer tu fe, para que confíes sin sentir y creas sin ver. En ocasiones, es porque te encuentras en el desierto necesario, donde aprendes a depender solo de Él.

¿Qué hacer?

Sigue hablándole, aunque no lo sientas. Recuerda lo que ya hizo: cuando no puedas ver lo que hace ahora, recuerda lo que hizo antes. Confía en su carácter, no en tus sentimientos; Él es fiel aunque no lo percibas. No te aísles y deja que otros te recuerden que Dios está ahí.

Lo que viene

Este silencio no es para siempre. Él va a hablar de nuevo y vas a sentirlo otra vez. Cuando lo haga, entenderás por qué valió la pena esperar, ya que del otro lado del silencio hay una fe más profunda, un testimonio más poderoso y una relación con Dios que no podrías haber alcanzado de otra manera.

CAPÍTULO 15

Heridas no sanadas

Hay heridas que nunca cerraron bien; heridas que cubrimos con una venda rápida, una sonrisa forzada o un «ya pasó, estoy bien». Pero por dentro siguen abiertas, sangrando y doliendo. Creemos que con el tiempo se curarán solas y que si no pensamos en ellas, si no hablamos de ellas o si las ignoramos lo suficiente, eventualmente dejarán de doler.

Pero no funciona así.

Las heridas no sanadas no desaparecen, sino que se infectan. Esa traición que nunca procesaste, el abuso que nunca contaste, la pérdida que no lloraste, el rechazo que te marcó, las palabras que te destruyeron, el amor que te rompió o esa infancia que te robaron. Todo eso que guardaste, enterraste y decidiste «superar» sin realmente sanar, sigue ahí, vivo y esperando el momento para salir a la superficie.

Y brota de las peores maneras: en tu incapacidad para confiar, en tus relaciones tóxicas, en tu necesidad de control, en tu miedo al abandono, en tu ansiedad constante, en tu enojo desproporcionado, en esa tristeza sin explicación o en tu forma de sabotear todo lo bueno que llega a tu vida.

Dicha situación ocurre porque las heridas no sanadas te hacen reaccionar al presente con el dolor del pasado. Alguien te dice algo sin mala intención y tú explotas, ya que esas palabras tocaron una herida vieja que nunca cerraste. Alguien te falla en algo pequeño y terminas la relación, pues esa falla te recordó a todas las veces que te abandonaron antes. Alguien te ama de verdad y tú huyes, debido a que no sabes cómo recibir amor sano cuando toda tu vida conociste un amor que duele.

Lo peor es que muchas veces ni siquiera te das cuenta de que estás actuando desde el dolor. Crees que estás siendo «realista», «precavido» o «inteligente», pero la verdad es que estás siendo controlado por heridas que nunca sanaste, y seguirás bajo su mando hasta que las enfrentes.

Es fundamental entender que sanar no es opcional ni algo que puedes posponer indefinidamente. No es algo que «tal vez algún día» harás; sanar es necesario y urgente. Es la diferencia entre vivir libre o vivir encadenado a tu pasado.

Hay gente caminando por la vida con heridas de hace cinco, diez o veinte años; marcas que todavía determinan cómo aman, cómo confían y cómo se ven a sí mismos. Cuando les preguntas si están bien, te dicen: «Sí, ya lo superé». Pero superar no es sanar.

Superar es pasar la página sin leer lo que decía; sanar es leer, entender, procesar y cerrar el libro sabiendo que ya no tiene poder sobre ti. Superar es fingir que no pasó; sanar es aceptar que ocurrió, que dolió y que te marcó, pero que no te define. Superar es poner una venda sobre la herida; sanar es limpiar la llaga (por más que duela) para que pueda cerrar de verdad.

Y duele. Sanar duele, puesto que tienes que abrir heridas que creíste cerradas, sentir lo que evitaste y llorar lo que nunca lloraste. Tienes que soltar aquello que te has aferrado a guardar, pero es el único camino a la libertad.

Lo cierto es que, mientras sigas cargando heridas no sanadas, seguirás descargando tu dolor en quien nunca te hizo daño. Seguirás reaccionando con miedo donde no hay peligro, rechazando el amor que tanto necesitas y viviendo en el pasado aunque tu cuerpo esté en el presente.

Dios quiere sanar tus heridas, no cubrirlas ni ignorarlas. Pero para que Él pueda sanarlas, tienes que mostrárselas: quitarte la venda, ser honesto sobre lo que te duele y dejar de fingir que estás bien. Sí, va a doler y será incómodo revivir eso que has intentado olvidar, pero del otro lado de ese dolor está la sanidad, la paz y la libertad de amar sin miedo, de confiar sin paranoia y de vivir sin esperar que algo malo pase.

Del otro lado de ese dolor está la versión de ti que ya no es controlada por su pasado, y esa versión vale todo el esfuerzo del proceso. Así que deja de ignorar las heridas y de intentar superarlas sin sanarlas. Reconócelas, enfréntalas, llora por ellas si es necesario y entrégaselas a Dios.

Él es el único capaz de tomar lo que está roto y hacerlo completamente nuevo.

CAPÍTULO 16

El proceso de sanar

Sanar no es fácil; no es rápido ni es lineal. Se trata de un camino largo donde algunos días avanzas y otros retrocedes; donde a veces te sientes fuerte y otras veces quieres rendirte. Pero es posible.

Lo primero que necesitas saber

Nadie puede hacerlo por ti ni nadie puede obligarte. Puedes tener a las mejores personas ayudándote, pero si tú no decides sanar, no va a pasar; tienes que quererlo y elegirlo cada día.

Requiere tiempo

No vas a despertar mañana completamente sanado. El proceso va a tomar semanas, meses o tal vez años, dependiendo de cuán profunda sea la herida. Está bien así: no te apures, pues el proceso toma el tiempo que deba tomar.

Requiere sentir

No puedes sanar lo que no enfrentas. Tienes que sentir el dolor que has estado evitando, llorar las lágrimas que no has vertido y procesar lo que has guardado. Va a doler mucho, pero es el único camino.

Requiere soltar

Debes soltar el resentimiento, el «¿por qué a mí?» y la necesidad de venganza. Esto es necesario porque, mientras sigas aferrado a esos sentimientos, no podrás avanzar.

Requiere ayuda

Necesitas ayuda de Dios, de las personas y de profesionales si es necesario. No cargues esto solo ni finjas que puedes con todo.

Requiere paciencia contigo mismo

Vas a tener días malos, vas a recaer y vas a sentir que no avanzas. No te castigues, pues esto es parte del proceso.

Lo que vas a descubrir

Descubrirás que eres más fuerte de lo que creías y que puedes sobrevivir a lo que pensabas que te iba a matar. Verás que, del otro lado del dolor, hay libertad y paz; una versión de ti que ya no está controlada por su pasado. Y comprenderás que Dios estuvo ahí todo el tiempo, sosteniéndote, aunque no lo sintieras.

CAPÍTULO 17

Sanar de una pérdida

Perder a alguien a quien amas lo cambia todo. No importa si fue hace un mes o hace diez años: hay días donde duele como si hubiera sido ayer.

Lo que nadie te dice

Nadie te advierte que el dolor no se va, sino que aprendes a vivir con él. No hay un tiempo «correcto» para estar bien, ya que cada persona sana a su ritmo. Tendrás días buenos y otros donde el dolor te golpeará de la nada.

Lo que sientes

Sientes un vacío donde antes estaba esa persona. Experimentas culpa por las cosas que dijiste o por las que callaste, e incluso por seguir viviendo cuando ellos ya no están. Sientes enojo con Dios, con la vida o con la persona por irse; y soledad, pues aunque estés rodeado de gente, nadie llena ese espacio.

Lo que necesitas hacer

Llora todo lo que necesites y sin límite de tiempo. Habla de ellos y recuérdalos; no finjas que no existieron para intentar «superarlo» más rápido. Acepta que se fueron y que no van a volver, por más que duela. Perdonarte por aquello de lo que te estés culpando es vital. Vive, aunque se sienta mal o pienses que no deberías ser feliz; ellos querrían que vivieras.

Lo que Dios hace

Él llora contigo y está presente en tu dolor, sosteniéndote cuando no puedes más. Poco a poco, Dios sana tu corazón, no para que olvides, sino para que puedas recordar sin que el recuerdo te destruya.

CAPÍTULO 18

Sanar de una ruptura

Terminar con alguien a quien amaste duele, incluso si fuiste tú quien tomó la decisión. Esto es así porque no solo pierdes a la persona, sino también los planes, la rutina y esa versión del futuro que la incluía.

Lo primero

No busques distracciones inmediatas ni intentes llenar el vacío con alguien nuevo. Debes entender que aquello no es sanar, sino escapar; y lo que no sanas ahora, lo terminarás llevando a tu próxima relación.

Lo que tienes que hacer

Siente el dolor, la soledad y el vacío; vívelo todo. Llora por lo que fue, por lo que pudo ser y por lo que ya no será. Suelta: borra el número, deja de revisar sus redes y no busques excusas para hablarle. Aprende preguntándote qué te enseñó esta relación, qué patrones necesitas cambiar o qué límites no supiste poner. Finalmente, perdona a esa persona por lo que hizo y perdónate a ti por tus errores.

Lo que vas a querer hacer (pero no debes)

No ruegues que regrese; si se fue, déjalo ir, pues el amor no se suplica. Evita revisar sus redes sociales, ya que solo te lastimarás más. No idealices la relación: recuerda por qué terminó y no te quedes únicamente con los buenos momentos. Tampoco vuelvas por soledad; estar solo es mejor que permanecer en algo que te destruye.

Lo que Dios tiene

Él tiene mejores planes de los que puedes imaginar, pero tienes que soltar lo que se fue para poder recibir lo que viene. Confía, aunque duela y aunque no entiendas. Simplemente, confía.

CAPÍTULO 19

Un día a la vez

Sanar no es un evento; es un proceso diario. Algunos días vas a sentir que estás avanzando y otros sentirás que retrocediste; ambos son parte del camino.

La realidad

Sanar no es lineal ni representa un constante progreso hacia arriba. Se trata de dar dos pasos adelante y uno atrás; son días buenos y días horribles, días de sentirte bien y luego de quebrarte de nuevo. Y está bien: eso no significa que estés fallando, sino que eres humano.

Hoy

No pienses en cómo vas a estar en un mes, en seis meses o en un año; enfócate solo en hoy. ¿Qué puedes hacer hoy para estar un poco mejor? No perfecto, solo un poco mejor. Levantarte, bañarte, salir a caminar, llamar a alguien o llorar si lo necesitas: cualquier cosa que te ayude a sobrevivir este día servirá. Mañana pensarás en mañana.

Los días malos

Van a venir sin avisar. Un día estarás bien y al siguiente te desmoronas; una canción, un lugar o un olor pueden detonarlo. Entonces vas a pensar: «¿Por qué sigo sintiendo esto? Pensé que ya estaba mejor». Sin embargo, sanar no es dejar de sentir dolor, sino aprender a manejarlo cuando regresa.

Los días buenos

También van a venir. Habrá días donde te despiertes y no sientas ese peso; días donde te rías de verdad y veas el futuro con esperanza. Celebra esos momentos y agradécelos, pues son la prueba de que sí estás sanando, aunque el día siguiente sea difícil de nuevo.

Lo importante

No te rindas en los días malos ni te quedes atrapado ahí pensando que siempre será así. La verdad es que no será así: los días malos pasan y vienen días mejores. Poco a poco, las jornadas buenas empezarán a ser más frecuentes que las malas.

Un día a la vez

Eso es todo lo que tienes que hacer. No tienes que sanar completamente hoy, solo pasar el día de hoy. Mañana harás lo mismo y pasado mañana también. Cuando menos lo esperes, vas a mirar atrás y verás cuánto has avanzado. Un día a la vez.

CAPÍTULO 20

Perdonar a quienes te hicieron daño

Perdonar es una de las cosas más difíciles que te van a pedir que hagas, especialmente cuando el daño fue profundo: cuando te traicionaron, abusaron de ti, te abandonaron, te mintieron, te rompieron el corazón o te robaron algo que nunca podrás recuperar. Ante esto, cabe preguntarse: ¿cómo se supone que perdones eso?

La verdad es que perdonar va en contra de todo lo que sientes. Tu corazón busca venganza y justicia; quiere que esa persona sufra como tú sufriste y que pague por lo que hizo. Es normal sentir eso, pues es humano; sin embargo, quedarte ahí y aferrarte a ese resentimiento, a esa rabia y a ese deseo de venganza, solo te destruirá a ti. No a ellos, sino a ti.

¿Por qué debemos perdonar?

Dios es claro con respecto al perdón: no es una sugerencia, es un mandamiento. En Mateo 6:14-15 dice: «Porque si perdonan a otros sus ofensas, también los perdonará a ustedes su Padre celestial. Pero si no perdonan a otros sus ofensas, tampoco su Padre les perdonará a ustedes las suyas».

Es fuerte, ¿verdad? Pero es la verdad. Dios nos perdona tanto cada día: cada error, falla o pecado. Nos perdona una y otra vez, sin límite, y Él nos pide que hagamos lo mismo con los demás. En Colosenses 3:13 dice: «De modo que se toleren unos a otros y se perdonen si alguno tiene queja contra otro. Así como el Señor los perdonó, perdonen también ustedes». No dice «perdona solo si te piden perdón», «perdona solo si lo merecen» o «solo si cambian»; dice perdona, punto.

Esto es así porque el perdón no es para ellos: es para ti.

Perdonar no significa olvidar

Mucha gente confunde perdonar con olvidar; piensan que, si perdonan, tienen que actuar como si nada hubiera pasado, como si el daño no existiera o no les doliera. Pero eso no es perdonar, eso es negar.

Perdonar es reconocer que te hicieron daño, que dolió y que te marcó, para luego decidir soltar el resentimiento que ese daño causó. Es decidir que ya no vas a cargar con ese peso ni vas a dejar que ese dolor controle tu vida. Puedes perdonar y todavía recordar lo que pasó; puedes perdonar y aun así sentir dolor al recordarlo o vivir con las consecuencias de ese daño. La diferencia radica en que ya no estás consumido por el odio, ya no estás obsesionado con la venganza ni vives atrapado en ese momento.

Perdonar no significa reconciliarse

Este es uno de los conceptos más difíciles de entender: puedes perdonar a alguien sin tener que volver a tener una relación con esa persona. Perdonar no significa que tengas que dejarla entrar de nuevo a tu vida, confiar en ella otra vez o que deban ser amigos; no significa que todo vuelve a ser como antes.

Especialmente si el daño fue grave (si hubo abuso, traición repetida, manipulación o maltrato) y si nunca hubo arrepentimiento real, puedes perdonar y aun así mantener distancia. Puedes perdonar y poner límites, diciendo: «Te perdono, pero no quiero que estés en mi vida». La razón es que perdonar consiste en liberar tu corazón del resentimiento, pero la reconciliación requiere a dos personas dispuestas a reconstruir la confianza, y eso no siempre es posible ni sano. Así que no permitas que nadie te manipule haciéndote sentir culpable por perdonar, pero no reconciliarte; perdonar es tu decisión, y reconciliarte también lo es. A veces, lo más sabio es hacer una y no la otra.

Perdonar no significa que lo que hicieron estuvo bien

Cuando perdonas, no estás diciendo «lo que hiciste no fue tan malo», ni minimizas el daño o justificas sus acciones. Lo que hicieron estuvo mal, el daño fue real y tu dolor fue válido. Perdonar es simplemente decidir que ya no dejarás que ese dolor te controle ni vivirás como su víctima; es no darles poder sobre tu paz. Significa decir: «Lo que hiciste estuvo mal y me dolió, pero decido perdonarte, no porque lo merezcas, sino porque yo merezco estar en paz».

El perdón es un proceso, no un evento

No vas a despertar un día y sentir que ya perdonaste completamente; no es algo que haces una vez y ya está. Perdonar es una decisión que tienes que tomar una y otra vez, especialmente cuando el dolor regresa, cuando algo te recuerda lo que pasó o cuando escuchas su nombre. Tendrás que elegir perdonar cada vez que el recuerdo duela o que sientas que la rabia regresa.

A veces se sentirá imposible y pensarás «no puedo perdonar esto»; está bien, es parte del proceso. Pero sigue intentándolo y pidiéndole a Dios que te ayude. Lo cierto es que el perdón no es algo que logras con tus propias fuerzas, sino algo que Dios hace en ti cuando se lo permites.

Perdonar no requiere que la otra persona se arrepienta

Esta es una de las verdades más difíciles de aceptar: puedes perdonar a alguien que nunca te pidió perdón, que ni siquiera reconoce que te hizo daño o que sigue creyendo que no hizo nada malo. Puedes perdonar incluso a alguien que nunca va a cambiar.

Lo cierto es que tu perdón no depende de ellos, sino de ti. Si esperas a que esa persona venga, se arrepienta, te pida perdón de rodillas o reconozca todo el daño que te hizo, puede que nunca pase; mientras tanto, tú sigues cargando con ese resentimiento, atrapado y sufriendo.

Jesús nos dio el ejemplo perfecto de esto. En la cruz, mientras lo crucificaban, la gente se burlaba de Él y lo torturaban, Él oró: «Padre, perdónalos, porque no saben lo que hacen» (Lucas 23:34). Ellos no pidieron perdón, no se arrepintieron ni creían estar haciendo algo malo; aun así, Él los perdonó de todas formas. No lo hizo porque lo merecieran, sino porque ese es el corazón de Dios, y ese es el corazón que Él quiere cultivar en nosotros.

El resentimiento te envenena

Cuando no perdonas y te aferras al resentimiento, a la rabia o al odio, eso te consume por dentro. Es como tomar veneno y esperar que la otra persona muera; es como cargar piedras pesadas esperando que el otro sienta el peso. Pero la realidad es que la única persona que sufre con tu falta de perdón eres tú.

Esa persona que te hizo daño probablemente está viviendo su vida y quizá ni siquiera piensa en ti, no recuerda lo que hizo o, peor aún, no le importa. Mientras tanto, tú estás consumido pensando en ellos, reviviendo el dolor, planeando venganzas en tu mente o deseando que la vida les cobre. ¿Y quién está sufriendo realmente? Tú. El resentimiento te roba la paz, la alegría, el sueño y la capacidad de confiar o amar plenamente. Te mantiene atado a esa persona y a ese dolor, viviendo en el pasado mientras la vida avanza sin ti.

Perdonar es para tu libertad

Perdonar no libera a la otra persona de lo que hizo; Dios se encargará de eso, pues su justicia es perfecta. Lo que hicieron no quedará impune ante Él. Romanos 12:19 dice: «No tomen venganza, hermanos míos, sino dejen el castigo en las manos de Dios, porque está escrito: "Mía es la venganza; yo pagaré", dice el Señor». No tienes que ser tú quien los castigue ni quien se asegure de que paguen; Dios lo hará de manera justa. Tu trabajo no es castigar, sino perdonar para que puedas ser libre.

Esto sucede porque, al perdonar, rompes las cadenas que te ataban a esa persona y el control que ese dolor tenía sobre tu vida. Ya no eres la víctima de lo que te hicieron: ya eres libre. Libre para sanar, avanzar y vivir sin ese peso en el pecho; libre para amar de nuevo sin miedo y confiar sin paranoia. Esa libertad no tiene precio, y solo la encuentras cuando perdonas.

Cómo perdonar cuando parece imposible

Hay daños que parecen imperdonables: abusos, traiciones profundas o abandonos que te marcaron para siempre y te robaron pedazos del alma. ¿Cómo se supone que perdones eso? La respuesta es que no puedes por tu cuenta, pero Dios puede perdonar a través de ti.

En Marcos 11:25, Jesús dice: «Y cuando estén orando, si tienen algo contra alguien, perdónenlo, para que también su Padre que está en el cielo les perdone a ustedes sus pecados». Tienes que pedirle a Dios que te ayude, que quite el odio de tu corazón, sane el resentimiento y te dé la capacidad de perdonar cuando tú no puedas. Será un proceso: tendrás que orar por esa persona y pedirle a Dios que bendiga a quien te maldijo. Va a doler y se sentirá imposible al principio, pero cuando lo haces, algo cambia en tu corazón. Poco a poco, el odio se disuelve y el perdón empieza a ser posible. No significa que vayas a sentir amor por ellos o que quieras una relación; solo significa que ya no estás consumido por el veneno del odio.

Perdonar es un acto de obediencia a Dios

A veces no vas a tener ganas de perdonar ni sentirás que la persona lo merece; a veces irá en contra de todo lo que sientes. Sin embargo, perdonas de todas formas, no porque te nazca, sino porque Dios te lo pide. Efesios 4:32 dice: «Más bien, sean bondadosos y compasivos unos con otros, y perdónense mutuamente, así como Dios los perdonó a ustedes en Cristo». Perdonas porque Dios te perdonó primero; si Él puede perdonarte todo, tú puedes perdonar lo que te han hecho. Cuando obedeces, aunque no lo sientas, Dios honra eso y empieza a trabajar en tu corazón para darte paz.

Los beneficios de perdonar

Cuando perdonas, te liberas a ti mismo del peso del resentimiento, de la amargura y de vivir atrapado en el pasado. Empiezas a dormir mejor, a sentirte más ligero y a tener paz para pensar en el futuro. Comienzas a amar sin proyectar ese dolor y a confiar de nuevo. Empiezas a vivir de verdad, no solo a sobrevivir.

Perdonar no significa ser débil

Hay una mentira que el mundo te vende: que perdonar es ser débil o dejar que se salgan con la suya. Pero la verdad es todo lo contrario: perdonar requiere más fuerza que guardar rencor, más valentía que vengarse y más madurez que odiar. Cualquiera puede odiar o desear venganza, pero perdonar un daño profundo requiere un nivel de fortaleza que solo viene de Dios. No es debilidad, es poder para soltar, sanar y ser libre.

El ejemplo de Jesús

Jesús perdonó a quienes lo traicionaron, lo abandonaron, lo negaron y lo crucificaron. Pedro lo negó, Judas lo traicionó, sus discípulos lo dejaron solo y la multitud pidió su muerte; y Él los perdonó a todos. No porque lo merecieran, sino por el corazón de Dios. Si Jesús pudo, tú también puedes con su ayuda.

Perdona para poder avanzar

No puedes sanar completamente si no perdonas; no puedes avanzar si sigues atado al pasado ni ser libre si continúas cargando cadenas de resentimiento. El perdón es la llave que abre la puerta a tu sanidad, el paso necesario para poder cerrar capítulos y la forma de decir: «esto me dolió, pero ya no me controla».

Así que perdona: no por ellos, sino por ti. Perdona para que puedas dormir en paz, amar sin miedo y confiar de nuevo; hazlo para que puedas vivir libre del pasado. Perdona porque Dios te perdonó primero, porque Él te está pidiendo que lo hagas y porque es el camino a la libertad que tanto has estado buscando.

Cuando perdones y finalmente sueltes ese peso, vas a entender por qué valió la pena. Debes saber que del otro lado del perdón está la paz que sobrepasa todo entendimiento, la libertad que solo Dios puede dar y la sanidad que solo viene cuando sueltas lo que te estaba destruyendo.

Perdona y sé libre.

CAPÍTULO 21

perdonarte a ti mismo

Si perdonar a otros es difícil, perdonarte a ti mismo puede serlo aún más. A los demás los puedes alejar; puedes dejar de verlos, bloquearlos o cortar el contacto. Sin embargo, no puedes escapar de ti mismo: estás contigo todo el tiempo, y ese recordatorio constante de tus errores, fallas o fracasos puede volverse insoportable.

Vives con la culpa todos los días: con el «debí haberlo hecho diferente», el «si tan solo hubiera...», el «¿cómo pude ser tan estúpido?» o el «nunca me voy a perdonar esto». Te castigas recordándote tus errores, negándote cosas buenas porque «no las mereces» o permaneciendo en relaciones y situaciones que te dañan bajo la idea de que «esto es lo que merezco por lo que hice». Te conviertes en tu peor enemigo, en tu juez más duro y en tu crítico más cruel.

El peligro de no perdonarte

Cuando no te perdonas, te quedas atrapado en el pasado reviviendo tus errores, definido por tus peores momentos y creyendo que eso es todo lo que eres. Desde ese lugar de culpa, vergüenza y autocondena, no puedes avanzar, crecer ni sanar; te impides ser la persona que podrías llegar a ser.

Esto sucede porque te convences de que no mereces nada bueno: ni ser feliz, ni ser amado, ni recibir una segunda oportunidad. Cuando llega algo positivo a tu vida, lo saboteas. La razón es que, en el fondo, crees que no lo mereces y sigues castigándote por algo que pasó hace años. Rechazas el amor cuestionándote cómo alguien podría amarte después de lo que hiciste, rechazas oportunidades por no sentirte suficiente y rechazas la felicidad por creer que no mereces estar bien. Así te quedas estancado mientras la vida avanza; tú permaneces en ese error y en esa culpa.

Todos hemos fallado

Una de las mentiras que más nos creemos es que nuestros errores son peores que los de los demás, que lo que hicimos es imperdonable o que somos los únicos que han fallado así. Pero la verdad es que todos hemos fallado: todos hemos hecho cosas de las que nos arrepentimos, hemos lastimado a quienes amamos o hemos tomado decisiones de las que no estamos orgullosos. La diferencia no radica en si hemos fallado, sino en qué hacemos después. Algunos se quedan ahí, consumidos por la culpa; otros reconocen su error, piden perdón, aprenden y avanzan. No se trata de ser perfecto, sino de levantarte cada vez que caes y aprender de tus fallas para que no te definan.

Tus errores no te definen

Lo que hiciste no es quién eres. Puedes haber mentido, pero no eres un mentiroso; puedes haber traicionado, pero no eres un traidor; puedes haber fallado, pero no eres un fracaso. Eres una persona que cometió errores, como todos, pero esos errores no son tu identidad. Eres mucho más que tus peores momentos o tus decisiones equivocadas cuando estabas perdido o confundido. Tienes el poder de cambiar y de escribir una historia diferente de aquí en adelante, pero primero tienes que dejar de vivir como si tus errores fueran una sentencia de por vida.

Aprende y avanza

Tus errores no fueron en vano si aprendes de ellos. Cada caída es una lección y una oportunidad de levantarte más fuerte; cada fracaso es un paso hacia la persona en la que te estás convirtiendo, pero solo si dejas de castigarte y empiezas a aprender. Pregúntate qué te enseñó este error sobre ti o qué necesitas cambiar. No te quedes solo en «soy una mala persona»; ve más allá y reconoce que cometiste ese error porque estabas herido o perdido, pero que ahora puedes hacerlo diferente. Tus errores pueden convertirse en propósito si decides aprender de ellos en lugar de esconderte en la vergüenza.

No puedes cambiar el pasado, pero sí el futuro

Por más que te castigues o te consumas en la culpa, no puedes cambiar lo que ya pasó; no puedes retroceder el tiempo ni borrar las consecuencias. Sin embargo, sí puedes decidir quién quieres ser de ahora en adelante. Puedes elegir aprender, crecer y no repetir esos fallos. Esto es mucho más productivo que quedarte atrapado en el «hubiera». El pasado ya pasó y no tiene por qué determinar tu futuro, a menos que tú se lo permitas.

Pide perdón donde sea necesario

Parte de perdonarte es hacer las paces con tu pasado, y a veces eso significa pedir perdón a las personas que lastimaste. No siempre es posible o sano, pero si lo es y no causará más daño, hazlo. Reconoce tu error y pide perdón sin excusas ni justificaciones: solo un «me equivoqué, lo siento y lo lamento profundamente». No puedes controlar si te perdonan, esa es su decisión, pero tú habrás cumplido con tu parte siendo honesto y humilde. Si no te perdonan, está bien; lo importante es que estés en paz sabiendo que intentaste enmendarlo.

Dios te ha perdonado

Si has pedido perdón a Dios por tus errores, Él ya te ha perdonado completamente, sin condiciones y sin recordártelo cada día. Dios no te ve como tus errores, sino con potencial, con propósito y con un futuro lleno de posibilidades. Sin embargo, mientras sigas cargando con la culpa que Dios ya quitó y castigándote por algo que Él ya olvidó, no vas a poder avanzar. Dios ya te perdonó; ahora te toca a ti perdonarte.

Perdónate para poder sanar

No puedes sanar completamente si sigues cargando la culpa por errores del pasado. No puedes avanzar si te sigues viendo como la persona que falló, ni podrás ser quien estás llamado a ser si permaneces atrapado en quien eras antes.

Tienes que perdonarte, soltar la culpa y dejar de castigarte por algo que ya pasó. Esto no se debe a que tus errores no importaran, sino a que ya pagaste lo suficiente; ya te castigaste y cargaste esa culpa durante demasiado tiempo. Es hora de soltarla.

Es momento de aceptar que eres humano, que vas a fallar y que no siempre harás todo bien; pero eso no te descalifica para tener una buena vida, ser feliz o cumplir tu propósito. Perdónate, no para minimizar lo que hiciste, sino para poder levantarte y ser mejor. Hazlo para poder mirar al futuro sin que el pasado te paralice, para recibir las cosas buenas que vienen sin sentir que no las mereces y para amar sin la sombra de la culpa sobre ti.

Perdónate porque te lo mereces, porque mereces una segunda oportunidad y porque mereces vivir libre del peso de tus errores. Suelta la culpa y avanza.

Ciertamente, del otro lado del perdón propio se encuentra la libertad de ser quien realmente eres, sin las cadenas del pasado. Y a esa persona vale la pena conocerla.

CAPÍTULO 22

Dejar ir lo que ya no te sirve

Hay cosas en tu vida que están ocupando espacio, pero no aportan nada: cosas que ya cumplieron su propósito, que tal vez fueron importantes en algún momento, pero que ahora solo te están deteniendo. Te aferras a ellas por costumbre, por miedo o por comodidad. Esto sucede porque soltarlas significa enfrentar el vacío que dejan, significa cambiar y entrar en lo desconocido. Pero no puedes avanzar si sigues cargando cosas que ya no te sirven; no puedes crecer si sigues aferrado a lo que ya no tiene lugar en tu vida.

Relaciones que ya no suman

No todas las personas que entran a tu vida están destinadas a quedarse para siempre; algunas solo debían acompañarte durante una temporada. Cuando esa etapa termina, intentar mantenerlas a la fuerza solo causa dolor. Hay amistades que ya no son lo que eran, donde ya no hay conexión real ni reciprocidad; situaciones donde tú das el cien por ciento y el otro nada, y te quedas solo por la historia compartida, no por lo que la relación es ahora.

Hay relaciones amorosas que ya no tienen futuro, donde el amor se fue pero sigues ahí por miedo a la soledad; donde ya no eres feliz, pero no sabes cómo soltar; donde sabes que no es lo mejor para ti, pero te conformas pensando: «al menos tengo a alguien». Hay personas tóxicas que mantienes porque «es familia» o «somos amigos desde hace años», a pesar de que te drenan, te hieren o te manipulan. Sigues ahí aguantando porque soltarlas se siente como una traición.

Sin embargo, no es traición cuidar de tu paz ni elegir tu bienestar o alejarte de lo que te hace daño. No tienes que quedarte en lugares donde te destruyen ni mantener relaciones que te vacían o cargar con personas que no valoran tu presencia. A veces, amar a alguien significa amarlo desde lejos; a veces, la mejor decisión es soltar. No con odio ni resentimiento, pero sí con firmeza y con la certeza de que mereces relaciones que sumen, no que resten.

Mentalidades que te limitan

Hay creencias que has cargado toda tu vida y que no son tuyas: cosas que te dijeron, que te hicieron creer o que internalizaste sin cuestionarlas: «No eres lo suficientemente bueno», «nunca vas a lograr nada», «eres un fracaso» o «no mereces ser amado». Te las creíste y las hiciste parte de tu identidad, y ahora vives limitado por mentiras que no son verdad.

No tienes que seguir creyéndolas ni viviendo con una mentalidad de escasez o derrota. Tienes que dejar ir esas mentalidades y desaprender las mentiras para aprender la verdad: eres capaz, eres suficiente y eres valioso. Mereces respeto y amor, pero mientras sigas viviendo como si no valieras nada, no podrás recibir todo lo bueno que la vida tiene para ti.

Hábitos que te destruyen

Hay cosas que haces todos los días y que te están destruyendo poco a poco. Lo sabes, pero las sigues haciendo por comodidad o porque no sabes cómo vivir sin ellas. El hábito de fumar que sabes que te mata pero «te relaja»; el alcohol que usas para olvidar pero que te deja peor; la alimentación emocional que utilizas para llenar vacíos o las redes sociales donde pierdes horas comparándote con los demás. Son hábitos y rutinas que te están costando tu salud, tu paz y tu propósito.

Mereces algo mejor: hábitos que te construyan y una vida que te llene. Para ello, tienes que soltarlos y decidir que tu bienestar vale más que tu comodidad. No será fácil, pero es posible y vale la pena.

Lugares donde no creces

Hay lugares donde te has quedado estancado: trabajos donde ya no aprendes, círculos sociales sin aspiraciones o ambientes donde ya no te sientes inspirado. Te quedas ahí porque es lo conocido y porque salir significa riesgo e incertidumbre. No obstante, no fuiste diseñado para el estancamiento, sino para crecer, y no puedes hacerlo si permaneces donde ya no hay espacio. A veces tienes que moverte, cambiar y salir de tu zona de confort. Da miedo porque no sabes qué pasará, pero quedarse «seguro» por temor implica perderse todo lo que podrías llegar a ser.

Versiones viejas de ti mismo

Hay una versión de ti que ya no existe: la persona que eras antes de lo vivido o cuando estabas perdido. Esa persona ya no eres tú; has cambiado y evolucionado. Pero a veces sigues tomando decisiones como si fueras aquel viejo «yo», diciendo: «Es que yo soy así» o «no puedo cambiar». Pero sí puedes, de hecho, ya lo hiciste. El problema es que no lo has aceptado. Suelta la versión vieja de ti y abraza quién eres hoy y quién puedes ser mañana.

El miedo a soltar

Soltar da miedo ya que no sabes qué vendrá después ni cómo llenarás ese vacío. Pero la verdad es que, mientras sigas aferrado a lo innecesario, no habrá espacio para lo nuevo. Tus manos están llenas de peso muerto y no pueden recibir las bendiciones que te esperan. Tienes que soltar para poder recibir. Sí, habrá un vacío al principio y será incómodo, pero ese vacío es necesario: solo en él hay espacio para lo nuevo. Confía en que soltar lo que ya no sirve es el primer paso para recibir lo que sí te pertenece.

¿Cómo dejar ir?

Dejar ir es un proceso y una decisión constante. Primero, reconoce honestamente qué necesitas soltar y qué te está drenando. Segundo, acepta que va a doler; permítete sentir ese dolor sin evitarlo. Tercero, toma la decisión y actúa: corta la relación o cambia el hábito. Cuarto, llena ese vacío con algo sano (personas que sumen y hábitos que te eleven). Y quinto, no mires atrás; confía en tu decisión y no regreses a lo que ya dejaste atrás.

Suelta y avanza

Mereces una vida llena de cosas buenas, relaciones que sumen y lugares donde crezcas. Pero primero tienes que hacer espacio. Tienes que soltar lo que ya no tiene lugar en tu vida. Cuando finalmente lo hagas, sentirás una libertad que no habías experimentado en años. Vas a respirar mejor y caminar más ligero, debido a que ya no cargas peso muerto ni estás atado al pasado. Estás libre y listo para recibir todo lo que viene.

CAPÍTULO 23

Cómo salir del hueco

Estás en un hueco profundo y oscuro, y no sabes cómo salir. Lo has intentado y te has esforzado; pero cada vez que subes un poco, te resbalas de vuelta. Empiezas a creer que tal vez este es tu lugar ahora y que nunca vas a salir. Sin embargo, sí puedes hacerlo.

Primero: deja de cavar

Cuando estás en el hueco, lo primero es dejar de hacerlo más profundo. Deja de hacer las cosas que te hunden, deja de rodearte de personas que te jalan hacia abajo y deja de repetir los mismos patrones destructivos. No puedes salir si sigues cavando.

Segundo: reconoce dónde estás

No finjas que estás bien ni minimices qué tan profundo es el pozo. Admite: «Estoy en un hueco y necesito ayuda». Lo cierto es que no puedes salir de un lugar cuya existencia niegas.

Tercero: pide ayuda

No puedes salir solo: necesitas que alguien te eche una mano, ya sea de las personas o de Dios. Es verdad que pedir ayuda da miedo, ya que implica admitir que no puedes por tu cuenta; pero esa es la única forma de salir.

Cuarto: un paso a la vez

No pienses en los cien pasos que faltan, solo da uno hoy. Hoy, levántate; hoy, come algo; hoy, sal a caminar o llama a alguien. Mañana darás otro paso. Poco a poco, vas a subir.

Quinto: celebra cada paso

Cuando estás en el hueco, es fácil enfocarte en lo lejos que estás de la salida; pero celebra cada avance que logres. Hoy no te rendiste: eso es progreso. Hoy hiciste algo diferente: eso es progreso. Los pasos pequeños cuentan.

Lo que vas a descubrir

Descubrirás que no estás solo en el hueco; hubo alguien ahí abajo contigo todo el tiempo, esperando a que estuvieras listo para agarrar su mano. Cuando la agarres y confíes, Él te va a ayudar a subir. No será de golpe, sino paso a paso; pero vas a salir.

CAPÍTULO 24

Aprender a poner límites

No todo el mundo merece acceso a ti; no todo el mundo merece tu tiempo, tu energía ni tu paz. Por eso, está bien decir que no.

¿Por qué no sabes poner límites?

Esto sucede porque te enseñaron que decir «no» es malo, que deberías estar siempre disponible y que, si no ayudas, eres egoísta. Entonces dices «sí» cuando quieres decir «no», aceptas cosas que no quieres y toleras lo que no deberías tolerar; como consecuencia, te vas vaciando.

El costo

Te agotas debido a que das sin parar hasta que no queda nada para ti. Pierdes tu identidad al vivir para complacer a otros y atraes personas tóxicas, ya que quienes no respetan los límites suelen aprovecharse de quien no los tiene. Al final, pierdes tu paz haciendo cosas que no deseas para personas que no lo merecen.

¿Qué son los límites?

Son líneas que trazas para proteger tu paz. Son decir: «Hasta aquí; no más». No se trata de construir muros para que nadie entre, sino de decidir con criterio quién entra y quién no.

Tipos de límites que necesitas:

- De tiempo: «No puedo ahora» o «ya tengo planes». No tienes que estar disponible siempre.
- Emocionales: «No tengo capacidad para esto ahora». No tienes que ser el terapeuta de todos.
- Físicos: «No me siento cómodo con eso». Tú decides tu espacio personal.
- En relaciones: «Eso no es aceptable para mí». Tú decides qué comportamientos toleras.
- Digitales: Puedes silenciar, bloquear o desconectar. No tienes que responder a todo.

Cómo empezar

Identifica qué te está drenando; ahí es justamente donde necesitas límites. Sé claro: «No puedo» o «no me funciona», sin dar explicaciones largas. No te disculpes, pues no estás haciendo nada malo. Mantente firme ante la presión y los intentos de hacerte sentir culpable: no cedas. Acepta que no todos lo van a entender, y está bien; las personas correctas respetarán tus límites.

Frases que necesitas

- «No puedo hacer eso».
- «No me siento cómodo con esto».
- «Necesito tiempo para mí».
- «Eso no funciona para mí».
- «No».

Usa estas frases sin explicaciones ni disculpas: solo marca el límite.

La verdad

Los límites mejoran las relaciones, puesto que eliminan el resentimiento y las expectativas escondidas. Las personas que de verdad te respetan van a valorar tus límites; las que no, mostrarán quiénes son realmente y te darás cuenta de que no merecían estar en tu vida.

Para el que nunca ha tenido límites

Va a ser difícil al principio y te vas a sentir culpable, pero eso es normal. Has vivido toda tu vida priorizando a otros y ahora estás aprendiendo a priorizarte; esto no es egoísmo, sino supervivencia. Esto es fundamental porque no puedes dar desde un tanque vacío. Así que empieza hoy: di «no» a una sola cosa o pon un límite pequeño. Cuando veas que el mundo no se acaba, te será más fácil, ya que tú también mereces proteger tu paz.

CAPÍTULO 25

Lo que el enemigo usa en tu contra sin que te des cuenta

Hay una guerra que no ves: una batalla en un nivel que no puedes tocar. El enemigo tiene estrategias específicas para destruirte.

El aislamiento

Una de las primeras cosas que hace es aislarte. Te susurra: «Nadie te entiende», «estás mejor solo» o «no puedes confiar en nadie». Poco a poco, te alejas de tu familia, de tus amigos y de cualquiera que te pueda ayudar. Cuando estás aislado, eres presa fácil. Debes recordar que en comunidad hay protección; solo, eres vulnerable.

Los pensamientos

No puede leer tu mente, pero sí puede plantar pensamientos: «No vales nada», «nadie te ama», «nunca vas a cambiar» o «Dios no te quiere». Si no reconoces que esos pensamientos no son tuyos, terminas creyéndolos y siguiéndolos hasta que te destruyen.

La distracción

No siempre te ataca con cosas obviamente malas; a veces te distrae con cosas buenas que no son lo mejor. Te mantiene tan ocupado que no tienes tiempo para Dios, tan distraído que no escuchas su voz. Pierdes tu propósito no por hacer cosas malas, sino por centrarte en aquello que te aleja de lo que realmente deberías estar haciendo.

Las comparaciones

Te hace compararte constantemente: «Ella tiene más que tú», «él está mejor» o «todos tienen lo que tú no tienes». Esa comparación te roba la alegría, la gratitud y la paz.

Las heridas no sanadas

Usa tus heridas en tu contra: esa traición que nunca procesaste, el abuso que nunca sanaste o el rechazo que nunca superaste. Te hace reaccionar desde ese dolor, ver enemigos donde no los hay y sabotear cosas buenas.

La culpa

Cuando caes o fallas, te bombardea con culpa: «Eres un fracaso», «Dios está decepcionado» o «no tienes remedio». Esa culpa te paraliza, te aleja de Dios y te hace creer que no puedes volver. Esta es su estrategia principal, pues si logras alejarte de Dios, quedas vulnerable.

Las relaciones tóxicas

Pone personas en tu vida para destruirte: gente que te jala hacia abajo, te aleja de Dios y te mantiene en patrones destructivos. Te hace justificar el quedarte con frases como «es familia» o «somos amigos desde hace años»; pero esas personas te están destruyendo.

La duda

Te hace dudar de todo: de Dios, de ti, de tu propósito y de si vale la pena. La duda te paraliza e impide avanzar.

La ofensa

Usa la ofensa para dividir familias, amistades e iglesias. Te hace ofenderte por cosas pequeñas e interpretar todo negativamente. Guardas esa ofensa hasta que se convierte en amargura, y esa amargura te termina destruyendo.

El timing

Ataca en momentos estratégicos: cuando estás cansado, vulnerable o solo; cuando estás a punto de algo grande o cerca de tu propósito. Su intención es clara: si te detiene en esos momentos, puede robarte lo que estaba por venir.

¿Cómo protegerte?

Reconoce cuándo estás bajo ataque. Cuando de repente todo se siente mal o pensamientos oscuros te bombardean, declara: «Esto es un ataque y no voy a ceder». Mantente en comunidad, no te aísles. Rechaza los pensamientos que no vienen de Dios y adora en medio de la batalla, aunque no tengas ganas. Usa el nombre de Jesús; hay poder en ese nombre.

La verdad

El enemigo solo ataca lo que teme. Si te está atacando tan fuerte es porque tienes propósito y porque Dios tiene planes para ti. Pero no va a lograrlo, ya que mayor es el que está en ti que el que está en el mundo. Mantente firme y conectado con Dios. Recuerda: esta batalla ya está ganada.

CAPÍTULO 26

Cuando el enemigo te venda los ojos

El enemigo no siempre ataca de frente; a veces trabaja despacio y silenciosamente, plantando pensamientos tan sutiles que crees que son tuyos. Hasta que un día te das cuenta de que hiciste algo que nunca creíste que harías y te preguntas: «¿Cómo llegué aquí?».

Empieza con pensamientos pequeños

No te dice de golpe «destruye tu vida»; no funciona así. Empieza con algo pequeño, un pensamiento como «nadie te valora», que parece inofensivo e incluso verdad. Luego otro: «mereces vengarte»; todavía no haces nada, solo lo piensas. Y finalmente: «hazlo, no va a pasar nada». Poco a poco, esos pensamientos se vuelven más fuertes, constantes y convincentes, hasta que dejan de sentirse como algo ajeno y se perciben como propios.

Te venda sin que te des cuenta

Cuando estás consumido por esas ideas y las has creído durante tanto tiempo, dejas de ver con claridad. Es como si te hubieran vendado los ojos sin que te dieras cuenta. Solo sabes que ahora todo se ve diferente: tus razones parecen válidas y tus acciones justificadas bajo frases como «tengo que hacerlo», «no tengo otra opción» o «se lo merecen». Entonces actúas desde ese lugar de ceguera.

Haces cosas que nunca creíste hacer

Hieres a personas que amas, dices cosas de las que no puedes retractarte y tomas decisiones irreversibles. En el momento parece correcto y necesario, como si no hubiera otra forma; pero es la venda, es el engaño. Esto sucede porque el enemigo sabe exactamente cómo manipularte; conoce tus heridas, tus miedos y tus debilidades, y usa todo eso en tu contra.

Casos reales

Existen personas que terminan en la cárcel por actos cometidos en un momento de ira que el enemigo alimentó; personas que se quitan la vida porque les convenció de que no hay esperanza, o quienes destruyen familias enteras por actuar desde la oscuridad. Después, cuando la venda cae y ven lo que hicieron, suele ser demasiado tarde.

Te deja solo en tu culpa

Esa es su estrategia final: llenarte la mente, vendarte y hacerte actuar. Cuando el daño está hecho, te quita la venda y te deja solo mirando el desastre y cargando con la culpa: «¿Qué hice?», «¿cómo pude?» o «¿en qué estaba pensando?». El enemigo se retira con su trabajo terminado, ya que ahora estás destruido por tu propia mano, cargando una culpa que tal vez nunca puedas soltar.

Los más vulnerables

Las personas vacías son las que más rápido caen. Esto es así porque, cuando estás lleno de Dios, de propósito y de paz, es más difícil que el enemigo entre. En cambio, cuando estás perdido o desesperado, eres presa fácil. No es por debilidad, sino porque el vacío busca llenarse con lo que sea, y el enemigo ofrece ira, venganza o autodestrucción para llevarte exactamente a donde él quiere.

No se dan cuenta

La mayoría de las personas no saben que están siendo manipuladas; creen que son sus propios pensamientos y voluntad. No entienden que existe una guerra espiritual y que cada impulso dañino o decisión que te aleja de lo bueno puede ser parte de una estrategia.

Un simple error puede cambiar todo

No tiene que ser algo grande; a veces basta una decisión en un momento de debilidad, una frase hiriente o un acto irreversible. Ese momento cambia el curso de tu vida completamente, pues el enemigo sabe que no necesita destruirte de golpe; solo requiere una grieta para entrar y usarla.

¿Cómo protegerte?

- **Reconoce que no todos tus pensamientos son tuyos:** Cuestiona las ideas destructivas preguntándote si te acercan a Dios o si construyen algo bueno. Si solo destruye, no es tuyo.
- **No actúes desde la emoción intensa:** Cuando estés furioso o herido, no tomes decisiones. Esto ocurre porque en esos momentos es cuando el enemigo tiene más poder para ponerte la venda. Espera, respira y ora.
- **Mantente lleno:** De Dios y de su presencia. Ciertamente, cuando estás lleno, no hay espacio para que el mal entre.
- **Busca ayuda:** No cargues esto solo; el enemigo trabaja mejor en el aislamiento. En comunidad, con personas que oran por ti, es más difícil que te engañe.

Cuando ya hiciste algo

Si ya actuaste desde la ceguera y cargaste con la culpa, no te quedes ahí. El enemigo quiere que la culpa te paralice, pero Dios puede restaurar incluso lo irreparable. Habrá consecuencias y no será fácil, pero no estás condenado. Pide perdón a Dios, a quienes heriste y a ti mismo. Levántate y no permitas que ese error defina el resto de tu vida.

La verdad final

El enemigo vino a destruir sutilmente, plantando pensamientos y vendando ojos. Sin embargo, tú tienes el poder para resistir. La ventaja es que, cuando reconoces sus tácticas, pierde su ventaja y puedes pelear con la fuerza de Dios. No olvides que mayor es el que está en ti que el que está en el mundo; ese enemigo ya fue vencido. Solo tienes que elegir no creerle, no seguir sus impulsos y mantenerte cerca de Quien puede protegerte, porque en la presencia de Dios no hay vendas, solo claridad.

CAPÍTULO 27

Las amistades falsas vs. las verdaderas

No todas las personas que te rodean son tus amigos; no todos los que te hablan te quieren bien ni todos los que sonríen celebran tus victorias. Una de las lecciones más dolorosas de la vida es descubrir quiénes son reales y quiénes solo están ahí por conveniencia.

Las amistades falsas

Las amistades falsas son fáciles de identificar una vez que sabes qué buscar; el problema es que, a veces, no queremos verlo. Queremos creer que esa persona es genuina, que nos quiere bien y que podemos confiar en ella; sin embargo, la realidad suele ser diferente. Estas personas están contigo cuando todo va bien, cuando tienes algo que ofrecerles o cuando les conviene, pero desaparecen cuando las cosas se ponen difíciles. Te dan excusas, te ignoran y te abandonan.

Además, hablan de ti a tus espaldas, te critican cuando no estás y te traicionan por un chisme, por celos o por envidia. Compiten contigo, tratan de opacarte y minimizan tus logros para hacerte sentir que no eres gran cosa. Las amistades falsas solo hablan de ellas mismas, nunca se interesan genuinamente en tu vida y te buscan solo por un favor, dinero o conexiones. Cuando tú los necesitas, siempre tienen una excusa.

Las amistades verdaderas

Las amistades verdaderas son raras; son un regalo que debes cuidar. Estarán contigo en las buenas y en las malas, amándote en todo tiempo y no solo cuando es conveniente o cuando tienes algo que ofrecer.

Un amigo verdadero te dice la verdad, aunque duela. No te endulza las cosas para hacerte sentir bien, sino que te dice lo que necesitas escuchar; esto ocurre porque les importa más tu bienestar que tu aprobación. Te confrontará cuando estés mal, ya que prefiere que te enojes temporalmente a verte destruido. Se alegran genuinamente de tus logros, no hay competencia y tu felicidad es la suya. Están ahí sin importar la hora, te escuchan y te sostienen. Te conocen de verdad, tus luchas, miedos y debilidades y, aun así, te aman y te aceptan mientras te animan a ser mejor.

¿Cómo identificar la diferencia?

A veces no es fácil distinguirlas al principio, puesto que muchos son buenos actores y saben fingir. Pero el tiempo revela la verdad y las circunstancias muestran el carácter.

Observa quién está contigo cuando fracasas, quién celebra tus victorias sin envidia y quién te busca solo por el gusto de estar contigo. Presta atención a quién te dice la verdad, aunque duela: esos son tus verdaderos amigos.

Está bien alejarte

Cuando te das cuenta de que alguien es una amistad falsa, está bien cortar esa relación sin dramas ni explicaciones largas. Simplemente dejas de buscarlos y de invertir energía en quien no lo valora. Aunque sientas culpa por el tiempo compartido, recuerda que los años no justifican mantener relaciones tóxicas ni sacrificar tu paz. Las personas de las que te rodeas te influencian, por lo que debes proteger tu círculo y tu energía.

Calidad sobre cantidad

No necesitas muchos amigos, necesitas amigos verdaderos; es mejor tener dos reales que veinte falsos. La sociedad te hace creer que la popularidad es éxito, pero eso es mentira. Jesús tenía doce discípulos, pero solo tres estaban con Él en sus momentos más importantes y solo uno estuvo al pie de la cruz. No necesitas multitudes, necesitas lealtad.

Sé el amigo que quieres tener

Si quieres amigos verdaderos, tienes que serlo tú también. No puedes quejarte de la soledad si tú no estás ahí para nadie ni escuchas a los demás. Sé leal, genuino y de los que celebran sin envidia. De este modo, atraerás a personas iguales, debido a que lo semejante siempre atrae a lo semejante.

No todo el mundo merece acceso a ti

Hay niveles de amistad y no todo el mundo merece estar en tu círculo íntimo. Existen personas que son conocidos; gente con la que te llevas bien y compartes ocasionalmente, pero que no conocen tu vida profundamente. También hay amigos casuales con los que sales, te diviertes y pasas buen tiempo, aunque tampoco tienen acceso completo a tu intimidad.

Luego están tus verdaderos amigos, tu círculo íntimo: aquellas personas que conocen tus luchas, secretos y sueños; en las que confías plenamente porque han demostrado que merecen estar ahí. No todo el mundo llega a ese último nivel.

Y está bien: no tienes que compartir tu vida entera con todos, ni confiar en cada persona que cruzas, ni darle acceso a tu corazón a cualquiera. Protege tu círculo íntimo y deja entrar solo a quienes han demostrado que lo merecen.

Cuando Tienes Que Soltar Amistades

Soltar a alguien a quien considerabas tu amigo es una de las decisiones más difíciles que vas a tener que tomar. Duele, y duele mucho, ya que no es solo soltar a una persona, sino desprenderse de los recuerdos compartidos, las experiencias, los momentos buenos, las risas y todo lo que eso conlleva.

Vas a querer justificarlos; recordarás ese momento en que sí estuvieron para ti, esa vez que te hicieron reír cuando estabas triste o aquel tiempo cuando todo era diferente. Sin embargo, no puedes quedarte con alguien por lo que fue; tienes que soltarlo por lo que es ahora. La realidad es que las personas cambian, las circunstancias varían y, a veces, quien era tu mejor amigo hace cinco años ya no es la misma persona hoy.

No guardes amistades por nostalgia ni mantengas relaciones tóxicas bajo la premisa de que «hemos pasado por mucho juntos». El pasado no justifica un presente destructivo. Cuando Dios te muestra que alguien no es para ti, créele; cuando sientas en tu espíritu que esa amistad te está haciendo daño, no lo ignores.

Suelta, aunque duela, aunque te sientas culpable o aunque ellos no lo entiendan. Tu paz, tu crecimiento y tu futuro son mucho más importantes. A veces, para avanzar, tienes que dejar ir a quien se niega a avanzar contigo.

Aprende de cada amistad

Cada persona que ha pasado por tu vida, buena o mala, te ha enseñado algo. Las amistades verdaderas te mostraron lo que es el amor genuino y la lealtad; te enseñaron que sí existe gente buena en el mundo y cómo se siente ser valorado, escuchado y apoyado. Esas lecciones son invaluables. Atesóralas, puesto que no todo el mundo tiene la bendición de experimentar vínculos así.

Pero las amistades falsas también te enseñaron: aprendiste a discernir, a poner límites, a valorar tu paz y a no conformarte con migajas de lealtad. Te enseñaron que no todo el que sonríe contigo te quiere bien, que no todos están realmente ahí para ti y que las palabras sin acciones no valen nada. Aunque esas lecciones dolieron, fueron necesarias ya que te hicieron más fuerte, más sabio y más cuidadoso con quién dejas entrar a tu vida.

No guardes rencor hacia quienes te fallaron ni te amargues viviendo atrapado en lo que te hicieron. Simplemente agradece la lección, suelta el dolor y sigue adelante. Ten presente que la mejor venganza no es devolver el daño, sino sanar, crecer y rodearte de personas que te amen de verdad.

Enfócate en quienes se quedaron, en quienes demostraron ser reales y en quienes merecen tu tiempo, tu amor y tu lealtad. Esas son las personas que importan, las amistades que debes cuidar y las relaciones en las que vale la pena invertir. Y recuerda: Dios siempre sabe quién debe quedarse y quién debe irse. Confía en su proceso.

CAPÍTULO 28

Aprender a estar solo sin sentirse solo

Hay una diferencia enorme entre estar solo y sentirse solo. Puedes estar rodeado de gente todo el día y sentirte completamente solo; puedes tener pareja, amigos o familia y, aun así, sentir ese vacío que no se llena con la presencia de nadie. Al mismo tiempo, es posible estar físicamente solo y sentirte completamente en paz, lleno y acompañado. La diferencia no radica en cuánta gente tienes alrededor, sino en tu relación contigo mismo y con Dios.

La soledad que duele

La soledad que duele es esa que sientes cuando buscas en otros lo que solo puedes encontrar en ti mismo y en Dios. Se manifiesta como esa necesidad constante de tener a alguien cerca, de estar con alguien o de hablar con alguien. Esto sucede porque, cuando te quedas solo, el silencio se vuelve insoportable, los pensamientos cobran demasiada fuerza y el vacío se hace evidente.

Entonces llenas tu vida de personas, ruido y distracciones; cualquier cosa con tal de no estar a solas contigo mismo. Sales con personas que ni siquiera te gustan tanto solo por no estar solo; te quedas en relaciones que no te hacen feliz porque tener a alguien (aunque sea la persona equivocada) se siente mejor que no tener nada, o mantienes amistades que te drenan porque, al menos, son compañía.

Todo eso nace del miedo: miedo a estar solo, a enfrentarte a ti mismo y a ese vacío que has estado evitando. No obstante, la realidad es que mientras sigas huyendo de la soledad y llenando tu vida de cualquier cosa para no estar solo, nunca vas a sanar ese hueco. Nunca vas a encontrar paz ni aprenderás a estar bien contigo mismo.

¿Por qué le tenemos tanto miedo a estar solos?

Le tenemos miedo a la soledad porque, cuando estamos solos, no tenemos distracciones ni escapes; no hay nadie más en quien enfocarnos. Nos quedamos cara a cara con nosotros mismos: con nuestros pensamientos, nuestros miedos, nuestro dolor y con todo lo que hemos estado evitando. Estar solo significa enfrentar lo que realmente sentimos, y eso, naturalmente, da miedo.

También le tenemos miedo a la soledad porque la sociedad nos ha enseñado que estar solo es sinónimo de no ser suficiente; que si estás solo es porque nadie te quiere, si no tienes pareja hay algo malo contigo o si no tienes un círculo social grande es porque eres aburrido o raro. Todo eso es mentira. Estar solo no significa que no valgas, que nadie te quiera o que haya algo mal en ti. A veces, la soledad significa que tienes estándares, que no te conformas con cualquier persona solo para llenar un vacío, que prefieres estar solo que mal acompañado o que estás en un proceso de crecimiento que requiere ese espacio.

La soledad necesaria

Hay momentos en la vida donde la soledad es necesaria; no es un castigo ni algo que debas evitar, es algo que necesitas. Requieres soledad para sanar, ya que la sanación exige que te enfoques en ti, proceses tus emociones y enfrentes tus heridas. Esto no lo puedes hacer bien si estás constantemente distraído con otras personas.

Asimismo, necesitas soledad para crecer, puesto que el crecimiento requiere introspección. Requiere que te conozcas a ti mismo, que descubras quién eres sin las influencias de otros y que definas tus propios valores, tus propias metas y tu propia identidad. Necesitas la soledad para escuchar a Dios, quien suele hablar en el silencio. Si tu vida está constantemente llena de ruido, voces y distracciones, no vas a poder escucharlo.

Jesús mismo se apartaba constantemente para estar a solas con el Padre. En medio de todo lo que hacía y de todas las personas que lo buscaban, Él sabía que necesitaba momentos de soledad, de silencio y de conexión profunda con Dios. Si Jesús lo necesitaba, tú también lo necesitas.

Aprender a disfrutar tu propia compañía

Uno de los mayores regalos que te puedes dar es aprender a disfrutar tu propia compañía. Se trata de aprender a estar bien contigo mismo, a no necesitar constantemente la validación de otros y a no depender de la presencia de alguien más para sentirte completo.

Cuando aprendes a estar solo, todo cambia. Ya no buscas relaciones desde la necesidad, sino desde el deseo. Dejas de conformarte con migajas de atención al poseer tu propia paz y dejas de soportar a personas tóxicas por el simple miedo a la soledad, pues prefieres tu propia compañía a una que te destruye.

Aprender a estar solo significa, en esencia, conocerte: descubrir qué te gusta, qué te apasiona y qué te hace feliz sin que nada de eso dependa de un tercero. Significa aprender a realizar actividades en solitario (como ir al cine, salir a comer o viajar) y disfrutar del proceso. No debes verlo como algo triste, sino como un acto profundamente liberador.

Implica también aprender a estar cómodo en el silencio. Ya no necesitas ruido constante, música, televisión o conversación para llenar el ambiente; ahora puedes sentarte en calma y estar en paz. Se traduce en aprender a ser tu propio mejor amigo: tratarte con amabilidad, hablarte bien, cuidarte, celebrarte y consolarte en los momentos de tristeza.

La diferencia entre soledad y aislamiento

Es fundamental aclarar algo: estar solo no es lo mismo que aislarte del mundo.

El aislamiento ocurre cuando te alejas de todos por herida, depresión o enojo con el entorno. Sucede cuando construyes muros para evitar que alguien se acerque, rechazas la ayuda y te cierras por completo al exterior. Esa conducta no es sana ni es lo que deseo promover aquí.

Estar solo sanamente significa que puedes disfrutar de tu soledad, pero también de la compañía ajena. No dependes de ninguno de los dos estados, sino que fluyes entre ambos según lo que necesites en cada etapa de tu vida. Implica poseer la capacidad de conectar profundamente con otros y, al mismo tiempo, la habilidad de estar contigo mismo sin caer en la desesperación. En resumen, significa que no huyes de las personas, pero tampoco huyes de ti mismo.

Llenar el vacío con Dios

La razón por la que muchos no pueden estar solos es que ese vacío que sienten no lo han llenado con Dios. Intentan completarlo con personas, con relaciones, con amistades o con familia; y aunque todo eso es importante, nada puede llenar el espacio que solo Dios puede ocupar. Cuando tu relación con Él es fuerte, cuando pasas tiempo con Él, hablas con Él y sientes su presencia, la soledad física deja de ser aterradora.

Esto sucede porque nunca estás realmente solo; Dios está contigo siempre. Y cuando entiendes eso, cuando realmente lo sientes, todo cambia. Ya no te sientes desesperado por tener a alguien a tu lado, ya no te sientes incompleto cuando estás solo ni percibes ese vacío que te consumía.

Vivir con esa plenitud es posible porque estás lleno de Dios, y eso es suficiente.

Los beneficios de estar solo

Cuando aprendes a estar solo sin sentirte solo, aparecen beneficios increíbles. Te conoces mejor y descubres facetas de ti mismo que no sabías que existían: tus verdaderas pasiones, tus valores fundamentales y tus sueños más profundos, todo esto sin la influencia de terceros.

- Sanas más profundamente: Esto ocurre porque finalmente cuentas con el tiempo y el espacio necesario para procesar tus emociones, trabajar en tus heridas y crecer de forma integral.
- Tomas mejores decisiones: Debes saber que esto es posible cuando dejas de decidir basándote en el miedo a la soledad. Así, dejas de quedarte en lugares que no te convienen y dejas de aceptar relaciones que no te merecen; empiezas a decidir desde un lugar de paz y no de desesperación.
- Tus relaciones mejoran: Dicha mejoría se debe a que, al aprender a estar solo, atraes a personas diferentes. Ya no atraes a quienes se aprovechan de tu necesidad, sino a quienes te valoran genuinamente. Tus vínculos se vuelven más sanos al no nacer de la carencia, sino del deseo real de compartir tu vida con alguien.

- Creces espiritualmente: Esto es así porque dispones de tiempo para orar, leer y escuchar a Dios. Esa relación con Él se profundiza de maneras que resultan imposibles cuando vives bajo una distracción constante.

¿Cómo empezar?

Si nunca te has sentido cómodo estando solo, puede ser difícil al principio, pero es posible y vale la pena. Empieza poco a poco; no tienes que aislarte de todo y de todos de la noche a la mañana. Simplemente comienza a pasar tiempo contigo mismo de forma intencional.

Apaga el teléfono por unas horas, evita la televisión y no escuches música; solo siéntate en silencio. Al principio va a ser incómodo y tu mente estará inquieta, pero poco a poco te vas a acostumbrar. Atrévete a hacer cosas solo: sal a caminar, ve por un café o realiza alguna actividad que normalmente harías con alguien más y observa con atención cómo te sientes.

Escribe lo que sientes, lo que piensas y lo que descubres de ti mismo; plasma tus miedos, tus sueños y tus preocupaciones para vaciar tu mente en el papel. Ora y habla con Dios para contarle cómo te encuentras; pídele que te ayude a estar en paz contigo mismo y que llene ese vacío que has estado intentando llenar con personas. Lee también la Biblia y busca versículos que hablen de la presencia de Dios, ya que ellos te recordarán que nunca estás solo y que Él está contigo siempre.

Date tiempo, pues este cambio no va a ocurrir de la noche a la mañana.

Será un proceso, pero cada día que practiques estar solo sanamente, te vas a sentir más cómodo, más en paz y mucho más completo.

No estás solo, nunca lo has estado

Quiero que entiendas algo fundamental: aunque estés físicamente solo, nunca estás realmente solo. Dios está contigo; siempre ha estado y siempre estará. En tus momentos más oscuros, cuando sentías que nadie entendía o que no tenías a nadie, Dios estaba ahí. En tus noches de llanto, en tus batallas, en tus miedos y en tu dolor, Él permanecía a tu lado. Nunca te ha abandonado y nunca lo hará.

Salmos 23:4 dice:

«Aunque ande en valle de sombra de muerte, no temeré mal alguno, porque tú estarás conmigo».

No importa por dónde camines ni qué tan oscuro se ponga el sendero: Dios está contigo. Esa es una promesa a la que puedes aferrarte cuando te sientas solo o cuando pienses que estás atravesando el desierto por ti mismo. Tal como afirma Deuteronomio 31:6: «Nunca te dejaré ni te desampararé». No estás solo, nunca lo has estado y nunca lo estarás.

La paz de estar solo con Dios

Existe una paz que solo encuentras cuando estás a solas con Dios; una calma que no depende de las circunstancias, de quién esté o no en tu vida, ni de ningún factor externo. Es una paz que sobrepasa todo entendimiento; una serenidad que el mundo no puede dar ni quitar. Cuando encuentras esa paz y aprendes a estar solo sin sentir soledad, tu vida cambia completamente. Ya no vives con miedo ni con ansiedad, y dejas de buscar desesperadamente algo o alguien que te llene. Ahora vives en plenitud, en paz y en libertad.

Esta transformación ocurre al comprender que no necesitas a nadie más para estar completo. Dios es suficiente y tú eres suficiente en Él; esa es, precisamente, la verdadera libertad. Así que aprende a estar solo, a disfrutar de tu propia compañía y a llenar ese vacío con la presencia divina.

Ten la certeza de que, cuando finalmente estés en paz contigo mismo, todo lo demás se alineará. Las personas correctas llegarán, las relaciones adecuadas se formarán y las bendiciones vendrán en su momento. Pero todo empieza contigo, con aprender a estar bien en tu propia piel y con entender que nunca has estado realmente desamparado. La verdad inamovible es que Dios siempre ha estado ahí y siempre estará.

CAPÍTULO 29

La diferencia entre quien eras y quien Dios te está llamando a ser

Hay una versión de ti que ya no existe: aquella persona que eras antes de todo lo que has vivido, cuando te sentías perdido, vivías sin propósito y no conocías tu valor. Esa persona ya no eres tú.

Has cambiado, crecido y evolucionado; y aunque a veces no lo notes o sientas que sigues siendo el mismo, la verdad es que ya no eres quien eras. Sin embargo, hay algo aún más importante que debes comprender: tampoco eres todavía quien Dios te está llamando a ser.

Quien eras

Piensa en quien eras hace uno, dos o cinco años; evoca esa versión de ti. Tal vez eras alguien que vivía buscando llenar el vacío con cualquier cosa: con personas que no te convenían, con hábitos que te destruían o con relaciones que te vaciaban.

Quizás eras una persona que no se valoraba, que aceptaba migajas de amor, toleraba faltas de respeto y se conformaba con mucho menos de lo que merecía. Tal vez vivías con miedo: miedo al rechazo, al abandono, a estar solo o a no ser suficiente. Es probable que cargaras con tanto resentimiento que no podías avanzar, viviendo atado al pasado, sin poder perdonar ni soltar.

Tal vez eras alguien que no conocía a Dios de verdad; sabías de Él, pero no existía una relación real. Ibas a la iglesia por obligación, no por deseo, y orabas sin realmente hablar con Él. Esa persona era real y existió; está bien reconocerlo. La importancia de este ejercicio radica en que no puedes apreciar quién eres ahora sin reconocer quién eras antes.

El proceso de transformación

No cambiaste de la noche a la mañana; nadie lo hace. Fue un proceso, un camino largo, a veces doloroso y confuso, pero necesario. Tuviste que pasar por situaciones que te rompieron para que Dios pudiera reconstruirte; tuviste que perder cosas para ganar otras y soltar para poder recibir. Cada experiencia, cada dolor, cada pérdida y cada traición te fue moldeando, enseñando y transformando.

Nada de lo que viviste fue en vano. Todo ese recorrido te trajo hasta aquí, hasta esta versión de ti: una versión más fuerte, sabia y consciente. Eres alguien que ya no acepta cualquier cosa, que no se conforma y que, finalmente, conoce su valor.

Quien eres ahora

Mírate ahora y reconoce quién eres. Ya no eres esa persona que toleraba cualquier trato; ahora tienes límites, sabes decir que no y proteges tu paz. Ya no eres quien buscaba llenar el vacío con cosas sin sentido, pues ahora sabes que solo Dios puede darte plenitud y buscas esa satisfacción en Él.

Ya no eres la persona que vivía paralizada por el miedo. Ahora, aunque todavía lo sientas a veces, no dejas que te detenga y sigues adelante de todas formas. Ya no eres quien no podía perdonar; ahora entiendes que el perdón es para tu propia libertad, no para la de los demás, y aunque siga siendo difícil, eliges hacerlo.

Ya no eres esa persona que no conocía a Dios. Ahora tienes una relación con Él: real, genuina y, aunque no sea perfecta, es auténtica. Has crecido, has cambiado y has sanado. Aunque todavía estés en proceso y queden aspectos en los que trabajar, ya no eres quien solías ser. Y eso, sin duda alguna, es algo que celebrar.

Quien Dios te está llamando a ser

Pero la transformación no termina aquí; lo cierto es que Dios tiene en mente una versión de ti aún mayor. Es una versión que todavía no has alcanzado, un ser en proceso que Él moldea día tras día. Dios te ve no solo como eres hoy, sino como puedes llegar a ser: ve tu potencial, tu propósito y todo lo que puedes lograr de su mano. Te está llamando a esa versión.

Hablamos de una versión de ti que ha sanado; es decir, ya no vive en el pasado ni carga con heridas viejas. Es una persona que camina en su propósito, consciente de para qué fue creada, y que vive con intención en lugar de simplemente dejarse llevar por la corriente de la vida. Confía plenamente en Dios, no duda de sus promesas y descansa en su plan aun cuando no lo comprende todo.

Es esa versión que ama sin miedo, confía sin paranoia y se entrega sin reservas, ya que sabe que Dios la protege. Se trata de una persona que es luz para otros, que usa su testimonio para ayudar y que levanta a quienes atraviesan tormentas que tú ya superaste. Esta versión de ti vive en plenitud, paz, libertad y propósito; esa versión existe, Dios ya la ve y te está guiando hacia ella con amor.

El conflicto entre las dos versiones

Aquí es donde surge la verdadera batalla. Sucede que, aunque ya no eres quien eras, todavía no eres completamente quien Dios te está llamando a ser. Te encuentras en el medio, en plena transición, y eso suele ser incómodo.

Hay días en los que sientes que has avanzado mucho; te percibes fuerte, caminas en tu propósito y sientes que finalmente estás llegando. Sin embargo, hay otros días en los que parece que retrocediste: vuelven los viejos patrones, reaccionas como tu versión antigua y te frustras al pensar que ya habías superado esos obstáculos. Eso es normal y es parte del proceso.

Debes entender que la transformación no es lineal ni constante. Es un vaivén entre quien eras y quién estás llegando a ser. Existe una guerra constante entre la carne y el espíritu, entre los viejos hábitos y los nuevos, entre lo que conoces y lo que Dios te está revelando. Pablo lo describe perfectamente en Romanos 7:19: «No hago el bien que quiero, sino el mal que no quiero, eso hago».

Incluso él, uno de los apóstoles más grandes, luchaba con esto; sabía lo que debía hacer, pero a veces hacía lo contrario. Quería ser mejor y, aun así, fallaba. Si él enfrentó esa lucha, tú también lo harás. Eso no significa que te hayas detenido; solo significa que eres humano.

¿Cómo llegar a ser quien Dios te llama a ser?

No vas a llegar ahí solo con buenas intenciones ni simplemente deseándolo; vas a tener que trabajar para ello.

Primero: tienes que soltar completamente tu pasado. No puedes convertirte en quien Dios te llama a ser si sigues cargando con la persona que eras, viviendo en el ayer e identificándote con tus errores, traumas o heridas. Tienes que soltarlo; no para negarlo, sino para evitar que te defina. 2 Corintios 5:17 dice: «De modo que si alguno está en Cristo, nueva criatura es; las cosas viejas pasaron; he aquí todas son hechas nuevas». Las cosas viejas quedaron atrás: ya no tienes que ser esa persona ni vivir de esa manera, pues ahora eres una nueva criatura.

Segundo: tienes que renovar tu mente. Resulta imposible vivir de forma diferente si sigues pensando igual. Romanos 12:2 nos exhorta: «No se amolden al mundo actual, sino sean transformados mediante la renovación de su mente». Tienes que cambiar tu forma de pensar, desaprender las mentiras que te han dicho y dejar de hablarte negativamente para empezar a verte como Dios te ve. Al cambiar tu mente, cambias tu vida.

Tercero: tienes que morir a ti mismo diariamente. Lucas 9:23 dice: «Si alguno quiere venir en pos de mí, niéguese a sí mismo, tome su cruz cada día, y sígame». Es un compromiso diario, no de una sola vez. Cada día tienes que elegir morir a tus deseos egoístas y a tus viejos patrones para optar por lo que Dios quiere que hagas. No es fácil, pero es necesario.

Cuarto: tienes que pasar tiempo con Dios. Resulta impensable convertirte en quien Él te llama a ser sin pasar tiempo a su lado; necesitas orar, leer su Palabra, adorar, escucharlo y conocerlo de verdad. Esto es fundamental porque cuanto más tiempo pasas con Dios, tu carácter se va moldeando a su imagen. De ese modo, tu corazón se transforma y tu voluntad se alinea con la suya.

Quinto: tienes que ser intencional. La transformación no sucede por accidente. Tienes que identificar qué cosas necesitas cambiar, qué hábitos debes soltar y qué creencias te toca desaprender para trabajar en ello de forma activa e intencional. No esperes que Dios lo haga todo mientras tú no haces nada; Él te dará la fuerza, la guía y el poder, pero tú tienes que hacer tu parte.

Sexto: tienes que rodearte de las personas correctas. Quienes te rodean te influencian para bien o para mal. Si te rodeas de personas que te jalan hacia abajo, que te recuerdan constantemente quién eras o que no creen en tu potencial, la transformación será mucho más difícil. En cambio, si te rodeas de quienes te impulsan, te animan y caminan en la misma dirección espiritual, te será mucho más fácil crecer. Como dice 1 Corintios 15:33: «No se dejen engañar: "Las malas compañías corrompen las buenas costumbres"». Elige bien con quién caminas.

No te compares con otros

En este proceso de transformación, es fácil caer en la trampa de compararte con otros; ver a alguien que parece más avanzado espiritualmente y sentirte mal contigo mismo, o ver a quien parece tener todo resuelto y preguntarte por qué tú sigues luchando. Sin embargo, debes recordar que cada persona tiene su propio proceso, su tiempo y su jornada.

Dios no te está comparando con nadie más ni mide tu progreso contra el de otros; Él te ve a ti, tu crecimiento, tu esfuerzo y tu corazón. No importa qué tan lento sientas que vas ni cuántas veces caigas; lo realmente valioso es que sigas levantándote, intentándolo y caminando hacia adelante. Gálatas 6:4 dice: «Cada uno examine su propia obra, y entonces tendrá motivo de gloriarse solo respecto de sí mismo, y no en otro». Enfócate en tu propio crecimiento, no en el de los demás.

Celebra tu progreso

Es fácil enfocarte solo en lo que te falta, en lo que todavía no has logrado o en las áreas donde necesitas crecer; pero también necesitas celebrar cuánto has avanzado. Mírate hace uno, dos o cinco años y compara a esa persona con quien eres ahora: ¿cuánto has crecido?, ¿cuánto has sanado y cuánto has cambiado? Celebra eso, reconócelo y agradécelo.

Ten presente que el progreso es progreso, sin importar qué tan pequeño parezca. Cada paso cuenta, al igual que cada día en que decides ser mejor o cada vez que eliges lo correcto sobre lo fácil. No minimices tu crecimiento ni lo des por sentado; celébralo, pues lo fundamental es que estás en camino, y eso es lo único que importa.

Confía en el proceso

Hay días en los que vas a sentir que no estás avanzando, donde vas a creer que sigues siendo la misma persona y dudarás de si realmente estás cambiando. No obstante, confía en el proceso; ten la seguridad de que Dios está trabajando en ti, incluso cuando no logres verlo.

Filipenses 1:6 dice: «Estoy convencido de esto: el que comenzó tan buena obra en ustedes la irá perfeccionando hasta el día de Cristo Jesús».

Dios empezó una obra en ti y no la va a dejar a medias; Él la va a terminar. Puede que no sea en tu tiempo y que resulte más lento de lo que quisieras, pero Él está trabajando, moldeándote y transformándote. Confía en Él y en el proceso, pues aunque no veas todo el panorama, Dios sí lo ve y sabe perfectamente lo que está haciendo.

Quien Dios te llama a ser es hermoso

Esa versión de ti que Dios ve, esa que Él te está llamando a ser, es sencillamente hermosa. Es una versión libre del pasado, de las cadenas, del miedo y del dolor. Es una versión plena, rebosante de paz, de propósito, de amor y de la presencia de Dios.

Hablamos de una versión poderosa para vencer obstáculos, para ayudar a otros y para cumplir su misión en esta tierra. Es una faceta de ti que vale cada lágrima del proceso, cada lucha y cada momento de dificultad. Esto es así debido a que, del otro lado de todo este camino, te espera la mejor versión de ti: aquella que Dios siempre supo que podías llegar a ser.

Sigue adelante

No te rindas en este proceso ni te quedes donde estás solo porque te resulta cómodo; no te conformes con ser menos de lo que Dios te llama a ser. Sigue creciendo, sigue sanando y continúa transformándote.

Ten por seguro que quien eras ya quedó atrás, quien eres ahora está en proceso y esa persona que Dios te llama a ser ya te está esperando. Cuando finalmente llegues ahí y te conviertas en esa nueva versión, mirarás atrás con profunda gratitud.

Agradecerás por cada obstáculo que te hizo más fuerte, por cada dolor que te brindó una enseñanza y por cada pérdida que te preparó para algo mejor. Te sentirás agradecido por no haberte rendido, por haber tenido fe en el proceso y por haber creído que podías llegar a ser más. Por eso, sigue adelante, sigue creyendo y sigue confiando.

Debes saber que la mejor versión de ti está por venir y, sin duda alguna, va a valer cada segundo del camino.

CAPÍTULO 30

Mi historia

Todo lo que he escrito en este libro no nace de la teoría ni de haber leído frases bonitas para compartirlas; viene de haberlo vivido. Surge de haber pasado por el fuego, de sentir el vacío del que tanto hablé y de cargar heridas que tuve que sanar, perdonar y soltar. Quiero compartir mi historia contigo, no por considerarla especial o única, sino con la esperanza de que mi vivencia te ayude a sentirte menos solo y te brinde la certeza de que sanar es posible. Si algo de lo que he superado te sirve, entonces el esfuerzo habrá valido la pena.

La pérdida que marcó mi vida

Perdí a mi padre siendo apenas una niña, demasiado pequeña para comprender la magnitud de esa ausencia. No guardo muchos recuerdos propios de él, por eso guardo una sola foto suya; lo demás son historias que me cuentan, que me hacen feliz... y que también duelen. Mi madre lo dio todo por mí, asumiendo ambos roles, mientras mi abuela materna fue mi segunda mamá y mi refugio seguro. Ambas me criaron con un amor incondicional que me salvó en cada batalla, siempre presentes en cada lágrima. Crecí rodeada de afecto familiar, pero existía un vacío que ellas no podían llenar: un hueco profundo dejado por un padre que se fue pronto, y que solo Dios podía tocar.

El vacío que nadie entendía

Cuando empecé a crecer, empecé a sentirlo. Ese vacío.

Pasé años buscando llenar ese espacio. Orando. Preguntando. Esperando.

Tenía todo lo que podía querer. Cosas materiales. Felicidad. Amor. Una madre increíble. Amigos. Una vida que muchos querrían.

Pero en el fondo, me sentía vacía.

Y nadie lo entendía. ¿Cómo podía sentirme así cuando lo tenía todo?

Pero ese vacío no era de cosas. Era algo más profundo. Era un hueco en el alma que nada material podía tocar.

Intenté llenarlo acercándome a Dios. Y cuando lo hacía, cuando realmente buscaba su presencia, me sentía completa. Sentía paz. Sentía que ese vacío se llenaba.

Pero mantenerme ahí, mantenerme firme en los caminos del Señor, es tan difícil. Porque el enemigo no descansa. Y cada vez que me acerco a Dios, las batallas se intensifican.

Las noches donde ya no podía más

Hubo noches de llanto silencioso en mi habitación, donde el peso era tan grande que apenas podía respirar. Entre lágrimas, repetía: «Ya no puedo más». No encontraba la forma de calmar el dolor que vivía dentro de mí ni sabía cómo llenar ese vacío por mis propios medios. En esos momentos de desesperación, mi único refugio era la oración; le pedía a Dios que me diera paz y me mostrase el camino hacia la salida.

El regalo que tanto esperé

Oré durante años por una sola cosa: ver a mi papá. Solo quería verlo, aunque fuera en un sueño; solo quería abrazarlo, sentir que estaba cerca y tener, aunque sea, un momento con él. Pero pasaban los años y no obtenía nada; no había sueños ni señales, solo silencio. Aunque seguía creyendo y orando, hubo momentos donde dudaba y me preguntaba si Dios realmente me estaba escuchando. Sin embargo, el tiempo de Dios es perfecto, siempre.

Fue en ese tiempo perfecto que recibí sanidad; no de la forma que esperaba ni cuando yo quería, sino exactamente cuando mi alma estaba lista para recibirla. Cuando más lo necesitaba, cuando me sentía completamente perdida y el vacío era más grande que nunca, Dios me lo concedió. Tuve un sueño. En ese sueño lo vi: estaba ahí, riéndose, hermoso y feliz. Yo, con todo el amor y la desesperación del mundo, le dije: «¿Te puedo dar un abrazo?». Sin dudarlo, me agarró y me apretó fuerte. Se sintió más real que cualquier cosa que haya sentido en mi vida; me sentí segura, llena de amor y sentí que lo tenía todo. Ese vacío que había cargado por años finalmente estaba lleno. Al despertar, lloré, pero no de tristeza, sino de felicidad; solo le daba gracias a Dios por haberme cumplido lo que tanto le pedía. Él me permitió tener el cierre que había anhelado por años.

La guerra espiritual y las visiones

Desde pequeña, hubo palabras proféticas sobre mi vida que indicaban un propósito y un llamado; algo que el enemigo, sin duda, querría destruir. Esa batalla ha sido real, no es algo que me invente, sino una guerra espiritual que he enfrentado toda mi vida. Por eso se me ha hecho tan difícil mantenerme firme en los caminos del Señor, ya que cuando me acerco a Dios, las batallas se intensifican. No obstante, he aprendido que Dios es más grande y Él ha estado conmigo en cada batalla.

Desde mi niñez, Dios se ha manifestado en mi vida de formas que la mayoría de las personas no entenderían: tengo visiones. No son sueños comunes, sino revelaciones donde Dios me muestra cosas que van a pasar, verdades profundas o advertencias necesarias. La primera vez que tuve una visión era muy pequeña y no entendía qué era; con el tiempo, comprendí que era un regalo y, también, una responsabilidad. Esto es así porque, cuando Dios te muestra algo, tienes que hacer algo con ello. Cuando uno lo busca, Él te prepara para lo que viene, aunque sea difícil porque habrá personas que no te creerán. Dios se manifiesta en mí de una forma poderosa, mostrándome a través de visiones cosas muy profundas que a los pocos días terminan cumpliéndose.

Hay visiones que me han marcado profundamente: imágenes difíciles que dan miedo. Vi pasar por mis ojos el fin del mundo, vi sufrir a las personas que más amo y vi cosas que me quitaron el sueño. Hay días donde me pregunto por qué me muestra esto a mí, pero entiendo que Dios tiene algo grande para mi vida. Si lo busco y me mantengo en sus caminos, Él usará esas visiones para ayudar a las personas, advertirles y prepararlas. Da miedo, sí, pero me satisface poder preparar a otros. Soy consciente de que no es fácil cargar con esto, pues hay personas que no te van a creer, que te van a juzgar o a pensar que estás loca. Pero cuando Dios se manifiesta de una forma tan real, no puedes negarlo; solo puedes aceptarlo y confiar en su propósito..

La batalla constante

Por eso se me ha hecho tan difícil mantenerme firme en los caminos del Señor; esto sucede porque, cuando realmente busco su presencia, Él me muestra cosas, me prepara para lo que viene y me revela verdades. El enemigo odia esa claridad. Como consecuencia, las batallas se intensifican, los ataques se vuelven más feroces y la guerra espiritual se hace más evidente.

Hay días en los que siento que no puedo más, momentos en los que la lucha es tan fuerte que la idea de rendirme cruza por mi mente. Sin embargo, nunca he claudicado en mi fe. Tengo esta certeza porque, aunque la batalla sea difícil y el enemigo ataque, sé que Dios es más fuerte, que está a mi lado y que Él tiene el control absoluto, incluso en los días de mayor debilidad.

Las heridas del camino

He sufrido. He pasado por rupturas que me rompieron y he sido traicionada por personas en las que confiaba plenamente; amistades que pensé eternas se marcharon y relaciones familiares que creí inquebrantables se terminaron quebrando. Perdí seres queridos por culpa de la venda, por la envidia, el rencor, por decisiones equivocadas y silencios que dolieron mucho más que las palabras. También experimenté la pérdida por causa de la enfermedad, la injusticia y la traición.

Sentí ese dolor que quema, un vacío que parecía eterno y atravesé noches donde solo quería desaparecer. Me preguntaba constantemente por qué me pasaba todo esto, pero aquí sigo: firme. Sigo en pie porque entiendo que Dios tiene algo grande para mí y, aunque haya perdido personas que amé con el alma, mi fe no se ha quebrantado. Cada experiencia, cada dolor y cada traición me han enseñado algo valioso: aprendí a reconocer las señales, a proteger mi paz y a entender que no todo el mundo merece un espacio en mi vida. Aprendí, finalmente, que está bien soltar a quienes no me valoran.

El proceso de sanación

Sanar no ha sido una tarea fácil ni rápida; ha sido un proceso largo, doloroso, confuso y, en ocasiones, profundamente frustrante. En este camino, lo que más me ha ayudado ha sido el tiempo a solas con Dios: ese espacio sagrado donde puedo ser completamente honesta con Él, donde puedo llorar, gritar y expresar todo lo que siento sin el menor temor a ser juzgada.

He tenido que aprender a aceptar las cosas como son y a dejar de pelear contra la realidad. Ha consistido en dejar de preguntarme «¿por qué?» para empezar a confiar en que Dios sabe lo que hace. Todavía estoy en proceso y aún hay batallas internas con las que lucho y días difíciles que afrontar. Sin embargo, he descubierto algo invaluable: para alcanzar la verdadera felicidad, es necesario atravesar el dolor. Aunque no veas a Dios, aunque no lo sientas ni lo escuches, ten la certeza de que Él siempre está ahí. Siempre.

Donde estoy ahora

Hoy me encuentro en un lugar diferente. Ya no soy la misma persona de hace años; he crecido, he cambiado y, sobre todo, he aprendido. No ha sido sencillo llegar hasta aquí, pues he enfrentado pruebas y momentos en que parecía que no iba a lograrlo. Pero sigo aquí, y eso es lo que realmente importa. Estoy en un proceso continuo de sanidad, crecimiento y aprendizaje.

Hay días buenos y días malos; jornadas donde siento que avanzo a pasos agigantados y otras donde parece que retrocedo. A pesar de ello, sigo de pie, sigo luchando, amando y creyendo. Todo esto, en sí mismo, tiene un valor inmenso. Esa fortaleza nace de que, después de todo lo que he pasado, el dolor, las traiciones, las pérdidas y las batallas, permanezco firme. No soy perfecta ni estoy libre de cicatrices, pero estoy viva, y eso es lo que cuenta.

He aprendido que sanar no es un destino, sino un camino. Cada día elijo seguir caminando por él, aunque la pendiente sea pronunciada. He comprobado que Dios es fiel, que su tiempo es perfecto y que no me ha abandonado ni un solo día de mi vida. Ahora entiendo que el dolor tiene un propósito y que nada de lo vivido ha sido en vano; cada golpe me ha moldeado. Al final del camino, quien soy hoy es alguien capaz de mirar a otros a los ojos y decir: «Sé lo que se siente. Yo también he estado ahí, y te aseguro que sí se puede salir de eso».

Mi relación con Dios hoy

Hoy, mi relación con Dios ha cobrado un sentido diferente. Oro constantemente y le doy gracias por la más mínima cosa: por despertar, por las batallas que he superado y por aquellas que estoy enfrentando ahora mismo. Poco a poco, estoy construyendo una relación más profunda con Él; una que no es perfecta, pero sí auténtica.

Es difícil y representa una batalla constante, puesto que el enemigo no descansa y mantenerme firme requiere un esfuerzo diario. Sin embargo, no es imposible, y esa es la clave: es un reto, pero no una utopía. Tengo esta certeza porque Dios es fiel, incluso cuando yo fallo, cuando me alejo o cuando atravieso días en los que no logro sentirlo. Él siempre permanece ahí.

¿Por qué escribí este libro?

El propósito de estas páginas nace de saber que hay muchas personas pasando por situaciones similares a las mías, o incluso peores. Quiero que comprendan algo fundamental: allá arriba hay un Dios que ve lo que nosotros no vemos, que escucha lo que nosotros no alcanzamos a oír y que conoce el porqué de cada suceso.

Si estás atravesando un momento difícil, no pienses que es porque Dios te odia, te abandonó o hiciste algo mal; la realidad es que Él te está preparando para algo más grande. Cada batalla que enfrentas te está moldeando, cada carga que sostienes tiene un propósito y ninguna lágrima que derramas es en vano. Dios está contigo, aunque no lo veas, aunque no lo sientas e incluso cuando dudes. Él está ahí.

Mi mensaje para ti

Si estás leyendo esto y te sientes identificado con algo de lo que compartí, quiero que sepas algo fundamental: no estás solo. Sé que se siente así y que a veces parece que nadie entiende, pero te aseguro que no lo estás. Ese vacío que sientes sí se puede llenar, pero no con cosas materiales, personas o distracciones; solo Dios puede colmarlo.

De igual forma, esas heridas que cargas sí pueden sanar, pero tienes que enfrentarlas y procesarlas, permitiéndote sentir el dolor para poder superarlo. Esas traiciones que viviste también puedes perdonarlas; hazlo no porque las personas lo merezcan, sino porque tú mereces ser libre del resentimiento que te está consumiendo. Y ese futuro que no puedes ver ahora mismo, realmente está ahí: Dios lo tiene preparado y solo tienes que confiar en su tiempo, en su plan y en que Él sabe exactamente lo que está haciendo.

Mi propia experiencia es prueba de ello, pues yo decidí confiar. Aunque la espera fue larga, el camino doloroso y hubo momentos donde quise rendirme, valió la pena. Dios cumplió: me dio el cierre que necesitaba, me sanó de lo que me estaba destruyendo y me mostró que nunca me había abandonado.

Para ti también va a valer la pena. Por eso, sigue adelante: sigue sanando, confiando y orando. Debes tener la certeza de que tu historia no termina aquí; esto es solo el comienzo de lo que Dios tiene preparado para tu vida. Y va a ser hermoso, te lo prometo.

El tiempo de Dios es perfecto

Conclusión

Si has llegado hasta aquí, significa que completaste el viaje: atravesaste cada capítulo, te enfrentaste a verdades incómodas y, tal vez, lloraste al verte reflejado en estas páginas más veces de las que esperabas. Me siento profundamente orgullosa de ti. Adentrarse en el dolor, en las heridas y en todo aquello que has estado evitando no es una tarea sencilla; requiere una valentía inmensa. Por esta razón, el hecho de que hayas terminado este libro dice mucho sobre tu carácter.

Ahora viene la parte más importante

Todo lo que leíste, lo que resonó contigo y lo que te movilizó, no puede quedarse solo en estas páginas. Tienes que integrarlo a tu vida, aplicarlo y realizar el trabajo interno que tanto he mencionado. Debes ser consciente de que leer sobre la sanación no equivale a sanar; leer sobre el perdón no es perdonar, y leer sobre soltar el pasado no significa, por sí solo, haberlo soltado.

Tienes que decidir hacerlo

No va a ser fácil; nada que valga la pena lo es. Habrá días en los que te sientas fuerte, con la percepción de que puedes con todo y que finalmente estás avanzando. Sin embargo, también habrá días en los que te quiebres, donde sientas que no has logrado nada y quieras rendirte.

En esos días quiero que recuerdes algo:

El progreso no es lineal, ni constante, ni perfecto. Puedes tener un mal día y seguir estando en el camino correcto; puedes caer y, aun así, seguir avanzando. Puedes sentir el dolor de nuevo y, a pesar de ello, seguir sanando.

Debes comprender que sanar no significa dejar de sentir dolor para siempre. Sanar significa que ese dolor ya no te controla, que ya no vives como prisionero de tu pasado y que puedes recordar sin que el recuerdo te destruya.

Lo que necesitas hacer ahora

Arrodíllate. Hazlo ahora mismo; no mañana ni cuando termines de leer. Ahora. Arrodíllate y entrégale todo a Dios: el dolor, las heridas, el resentimiento, el miedo y el vacío. Todo. Dile que no puedes más por tu cuenta y que necesitas que Él tome el control, ya que la verdad es que nunca pudiste hacerlo solo; y está bien admitirlo.

Perdona hoy a esa persona que te destruyó y a ti mismo por las decisiones que tomaste en el pasado. No esperes a sentir ganas de perdonar; hazlo como un acto de obediencia a Dios y como un paso necesario para liberarte. Ten presente que cada día que pases sin perdonar es un día más que le otorgas poder sobre tu vida a quien no lo merece.

Corta de raíz lo que te está matando

Esa relación tóxica que sabes que tienes que soltar, ese hábito que te está destruyendo o esa amistad que te drena. Hazlo hoy; no la próxima semana ni cuando consideres que sea más fácil. Hazlo ahora, pues tu vida depende de ello.

Lee tu Biblia, no por religión, sino por pura supervivencia. Dentro de esas páginas encontrarás la dirección necesaria para sanar, para vivir y para hallar paz en medio del caos. Si no sabes por dónde empezar, hazlo por los Salmos; David entendía profundamente el dolor y sus palabras van a resonar con tu alma.

Ahora, cierra los ojos. Esta es mi oración por ti:

Padre Celestial,

Ante Ti se encuentra esta persona: rota, cansada y en búsqueda constante. Tú conoces bien todo lo que ha atravesado; cada lágrima derramada, cada noche de insomnio y cada instante en el que se sintió completamente sola. Conoces cada herida que carga, cada traición que vivió y cada momento en el que estuvo a punto de rendirse.

Tú lo sabes todo y, aun así, la amas con un amor inagotable.

Hoy te pido que toques su corazón. Sana lo que está roto, restaura lo que se perdió y llena ese vacío que nada en este mundo ha podido colmar. Dale la fuerza necesaria para perdonar lo imperdonable, el valor para soltar lo que la destruye y la sabiduría para discernir quién debe quedarse y quién debe marcharse. Concédele paz en medio de la tormenta.

Que sienta Tu presencia de una manera tan real que ya no pueda dudar de que estás ahí. En sus noches más oscuras, sé Tú su luz; en sus días más difíciles, sé su refugio, y en sus momentos de soledad, sé su compañía constante. Transforma su dolor en un propósito mayor, su historia en una herramienta para ayudar a otros y su quebranto en una fortaleza inquebrantable.

Y cuando el enemigo le susurre que no vale la pena, que no lo va a lograr o que Tú la has abandonado, permite que recuerde las verdades de este libro. Que tenga presente que no está sola y que nunca lo ha estado, pues Tú estás con ella, siempre.

En el nombre de Jesús, Amén.

Y ahora, la verdad que necesitas escuchar:

Tal vez piensas que tu vida ya está definida por tu pasado; que lo que hiciste o lo que te hicieron te marcó para siempre y que ese vacío es permanente. Quizás crees que así será siempre.

Pero estás equivocado

Tu historia no termina en el dolor, ni en la traición, ni en el vacío. De hecho, tu historia apenas está comenzando. Ten la seguridad de que Dios tiene planes para ti que ni siquiera puedes imaginar; planes que van mucho más allá de lo que has vivido y que usarán todo ese dolor, cada pérdida y cada lucha para construir algo hermoso.

Vas a ayudar a alguien que atraviesa exactamente lo mismo que tú viviste; serás la luz en la oscuridad de otra persona y la prueba viva de que es posible salir del vacío.

Pero primero tienes que salir tú

Y lo vas a conseguir. No lo harás por tu propia fuerza, sino porque Dios es fuerte en ti. No sucederá porque tengas todas las respuestas, sino porque Él es la respuesta. No será porque puedas hacerlo solo, sino porque, de su mano, todo es posible.

Dentro de un año, mirarás atrás

Vas a recordar este preciso momento. Recordarás cómo te sentías al leer estas páginas, el dolor que cargabas, el vacío que te consumía y la desesperación en la que habitabas. En ese entonces, vas a llorar; pero no será de tristeza, sino de pura gratitud.

En ese instante comprenderás cuánto has crecido, cuánto has sanado y cuánto has cambiado. Verás que Dios cumplió su promesa, que no te abandonó y que valió la pena confiar. Será entonces cuando entiendas, finalmente, por qué tuviste que atravesar este desierto.

¡Así que, levántate!

Deja de vivir como una víctima de tu pasado y comienza a caminar como el vencedor de tu futuro. Deja de conformarte con la simple supervivencia y empieza a vivir de verdad. Deja de buscar llenar tu alma con cosas temporales y permítele al Dios eterno ocupar su lugar.

Antes de cerrar este libro:

Quiero agradecerte por leer mi historia, por permitirme ser parte de tu proceso y por confiar en que estas palabras podrían servirte de guía. Te lo recuerdo una última vez:

No estás solo. Nunca lo has estado; Dios está contigo, siempre

Aquel vacío que sentías al iniciar esta lectura, ese peso que te ha acompañado por tanto tiempo, no tiene por qué seguir ahí. Puede ser llenado, puede sanar y, sobre todo, puedes encontrar la paz que tanto anhelas.

Tienes que decidir buscarlo en el lugar correcto: en Dios. No en las personas, ni en las cosas, ni en las distracciones. Búscalo en Él.

Cuando lo hagas, cuando finalmente encuentres esa plenitud que solo Dios puede dar, todo cambiará

Debes saber que seguirá habiendo batallas y días difíciles; seguirás teniendo que elegir crecer cada día. Sin embargo, ya no caminarás vacío, ni solo, ni sin propósito.

ANTES DE CERRAR ESTE LIBRO:

Caminarás lleno del amor de Dios, acompañado de su presencia y guiado por su plan perfecto.

Esa vida vale cada lágrima del proceso

Así que levántate, sacúdete el polvo y empieza a caminar hacia la sanación que tanto mereces. El vacío no tiene que definirte, tu pasado no tiene que controlarte y tu dolor no tiene que destruirte.

Lo cierto es que hay algo más allá del vacío: hay paz, sanación, propósito, plenitud y amor. está Dios.

Todo eso te está esperando

Solo tienes que dar el primer paso y ese paso empieza hoy. Ten por seguro que esto no es el final, sino el comienzo de todo.

«Porque yo sé los planes que tengo para ustedes, afirma el Señor, planes de bienestar y no de calamidad, a fin de darles un futuro y una esperanza».
Jeremías 29:11

Gracias por permitirme caminar contigo a través de estas páginas. Ahora ve y vive más allá del vacío.

www.ingramcontent.com/pod-product-compliance
Lightning Source LLC
LaVergne TN
LVHW100501110826
845146LV00002B/478

* 9 7 9 8 8 9 5 9 3 8 0 5 8 *